LLYFR SGRAP MACS SION

2

Argraffiad cyntaf: 2026

Dylunio: Richard Huw Pritchard
Dyluniad y clawr: Cai Tudur

Dwdl 'Banan-aur' ar y clawr wedi ei ddarlunio
gan Pyrsi Lewis-Jones, Gwynedd

Dymuna'r cyhoeddwyr gydnabod cymorth ariannol
Cyngor Llyfrau Cymru.

ISBN: 978-1-80099-871-1

Cyhoeddwyd ac argraffwyd yng Nghymru gan
Y Lolfa Cyf., Talybont, Ceredigion, SY24 5HE
e-bost ylolfa@ylolfa.com
gwefan www.ylolfa.com
ffôn 01970 832 304

Diolchiadau

Diolch i'r Lolfa am fod yn barod i ddelio efo mwy o nonsens a pw (yn enwedig Nia Gruffydd y golygydd gofalus oedd yn gorfod gofyn cwestiynau a gwneud nodiadau am yr holl nonsens a pw). Diolch hefyd i Anwen Pierce a'r Cyngor Llyfrau am wirio'r testun mor fanwl er mwyn gwneud yn siŵr fod Macs Sion yn cadw'i lais o'r llyfr cyntaf.

Cai Tudur, sydd wedi ei safio yn fy ffôn fel 'Cai Genius Tudur' - diolch am fwy o luniau boncyrs a doniol sydd am wneud i blant Cymru chwerthin a mwynhau unwaith eto. Ti'n rhan enfawr o'r brosiect yma, a dwi mor falch mod i wedi dy ffeindio di. Diolch hefyd i'r dylunydd gwych Richard Huw Pritchard am ddod â'n gwaith ni'n fyw. Fysa'r gyfrol yma'n ddim ond dogfen Word ddiflas heb eich hud chi'ch dau.

Diolch i bob un plentyn dwi wedi ei gyfarfod mewn llyfrgell neu ysgol ers cyhoeddi *Llyfr Sgrap Macs Sion*. Eich syniadau chi ydi lot fawr o'r cynnwys (diolch am Miss Nics, Greta!). Diolch am gael nofio yn eich dychymyg gwallgof chi (a dwyn ambell Jôc a Hwn neu Llall hefyd). Mae Pyrsi Lewis-Jones yn haeddu mensh am ei ddwdl bendigedig o fanana ar y clawr. Llongyfarchiadau mawr am ennill y gystadleuaeth! Mi fyswn i wedi hoffi gallu cynnwys pob un dwdl; diolch i bawb gymerodd ran. Ges i hefyd ambell lun gan artist ifanc cŵl o'r enw Gruff Lewis Huws ar gyfer y clawr - diolch Gruff (cofia amdana fi pan ti'n artist enwog).

Un o uchafbwyntiau'r flwyddyn i fi oedd ennill gwobr Tir Na n-Og Dewis y Darllenwyr am Lyfr Sgrap Macs Sion. Diolch i'r gwobrau am y fraint, ac am roi hwb enfawr i fi. Hefyd, i bob un wan jac ohonoch chi wnaeth bleidleisio, dach chi wedi 'ngwneud i a Cai yn hapus iawn, iawn, iawn felly DIOLCH YN FAWR!

Yn olaf, diolch i fy mhlant annwyl (weithiau) Betsan ac Iwan am fy helpu i gynllunio'r llyfr ac am fy ysbrydoli bob dydd.

I Betsan, Iwan, Ifor, Huw, Deio
a holl ffans drygionus Macs Sion
– chi ydi curiad calon y llyfr yma
(a'r pwmps hefyd) x

LLYFR SGRAP MACS SION 2

Mari Lovgreen
(Lluniau gan Cai Tudur)

y Lolfa

Macs

Ani

Anabel

Dad

Mam

Lisa

Jack

Cai

Wil

Dydd Mawrth

Dwi'n gorfod dechrau llyfr sgrap newydd achos mae yna rywbeth crazy wedi digwydd.

* MAE MAM WEDI CAEL *TWINS*. Heddiw!! *

Iep, MAE YNA DDAU FABI BACH YN DOD I FYW YN TŶ NI!!! Dwi heb weld nhw eto, ond nes i siarad efo Mam ar y ffôn ar ôl ysgol. Oedd hi eisiau gwybod be oedd *twins* yn Gymraeg, ond oedd hi methu dweud efeilliaid. Oedd Dad yn dweud bod hi wedi cael ffisig cryf oedd yn gwneud o'n anodd i ddweud y gair *twins*, heb sôn am efeilliaid.

Dwi mewn sioc!!! Dwi wedi bod yn gweddïo bob nos ers dros 6 mis. Rhywbeth fel hyn:

Annwyl Iesu,

Plis plis plis plis plis ga i ddau frawd bach. DIM chwaer arall – PLIS!!!! Mae chwiorydd mor *annoying*, ac mae cael 2 yn ormod! Os dwi'n cael mwy o chwiorydd, fydd rhaid i fi symud i fyw at Wil neu Jack. Neu byw yn y garej. Neu falle hedfan i Awstralia a gofyn i deulu arall *adoptio* fi. Neu cael roced a mynd i fyw ar y lleuad yn bell, bell, BELL i ffwrdd.
Dwi'n rili siriys am hyn.
PLIS!
Diolch am helpu fi,

Macs Sion
Amen x

Amser am *drumroll* plis....!

MAE'R GWEDDÏO WEDI GWEITHIO!!!

Dwi wedi cael dau frawd bach!!! Dwi bron â crio yn ysgrifennu hyn. Mwy o fechgyn na merched yn y tŷ am y tro cyntaf erioed WAHWWWW! Dwi mor mor mor mor mor mor mor (×100) hapus.

Does gan y babis ddim enw eto, ond dyma enwau dwi'n meddwl sydd yn cŵl:

Tomos

Cai

Gruff

Ted

Alexis (Mac Allister, Lerpwl)

Peter (enw *Spiderman*)

Owain (Glyndŵr)

Neu falle fydd Mam yn dewis enwau yn dechrau efo **M**, i fynd efo Macs. Fel Ani ac Anabel Annoying. Be am...

Mabon

Mason

Meic

Morgan

Math

Dwi am drio mynd i gysgu rwan. Fydd o'n anodd achos mae'r pilipalas yn y bol yn chwarae rygbi ar y funud!!! Dwi'n cael mynd i'r ysbyty i weld BRODYR bach fi fory!!!!!

Dydd Mercher

Waw. Am ddiwrnod!!

Mae calon fi wedi bod yn pwmpio yn rili caled heddiw. Dwi ddim yn siŵr be oedd y peth gorau – cael peidio mynd i'r ysgol, neu cyfarfod brodyr newydd fi.

Dwi am drio gwneud ffeil o ffeithiau i aelodau newydd y teulu. Ond mae o'n anodd, achos dwi ddim rili'n nabod nhw'n dda iawn eto...

Enw:	Dafydd Sion
Oedran:	Un diwrnod, 6 awr a 7 munud (6, 7 – haha)
Pwysau:	4 pwys 6 owns
Hoff fwyd:	Dim byd eto
Hoff ddiod:	Llaeth
Hoff liw:	Google yn dweud bod babis yn hoffi du a gwyn
Hoff anifail:	Pengwin?
Hoff air:	Ga ga gw gw
Diddordebau:	Crio, pw
Hoff frawd:	Macs Sion

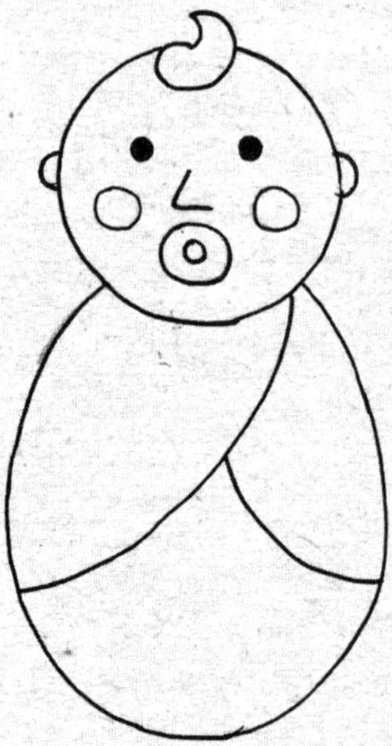

Dafydd

Enw :	Iwan Sion
Oedran:	Un diwrnod, 6 awr a 42 munud
Pwysau:	5 pwys 1 owns
Hoff fwyd:	Dim byd eto
Hoff ddiod:	Llaeth
Hoff liw:	Du a gwyn
Hoff anifail:	Panda?
Hoff air:	Waaaaaaaaaaa
Diddordebau:	Cysgu, pi-pi
Hoff frawd:	Macs Sion

Iwan

A ie, **Dafydd + Iwan** ydi'r enwau 😆. Mae Mam wedi mynd ychydig bach yn *obsessed* efo pethau Cymraeg, yn cynnwys brenin Cymru – Dafydd Iwan. Mae hi mewn cariad efo fo ers gweld o'n canu Yma o Hyd a crio cyn gêms pêl-droed Cymru. O'n i ddim yn meddwl fyse hi'n mynd mor bell â galw'r babis yn Dafydd Iwan chwaith!

Be os fyse Dafydd Iwan yn dod i gyfarfod Dafydd a Iwan?!

Mae Anabel yn riiiiiiili blin achos fydd hi'n gorfod rhannu ystafell hi efo Ani cyn hir – hahahahaahahaahaah! Mae Mam eisiau troi ystafell Ani yn ystafell thema Cymru i Dafydd a Iwan. Daffodils, draig goch, llun o Dafydd Iwan mewn ffrâm... nes i weld hi'n *googlo* "Bara brith *wallpaper*" diwrnod o'r blaen – ych!!! *As if* bod hwnna am fod mewn unrhyw siop.

Dydd Iau

Methu canolbwyntio yn yr ysgol o gwbwl heddiw. O'n i'n gwybod bod Dafydd a Iwan yn dod adref o'r ysbyty felly o'n i methu AROS tan 3.30. Nes i gael amser i feddwl am Hwn neu Llall newydd, ddo (yndw, dwi dal i 'neud nhw – haha)

→ HWN NEU LLALL?! ←

Cael pen ôl fel gwyneb neu gwyneb fel pen ôl?

Bod efo traed anferthol fel cawr neu ddwylo bach, bach fel babi?

Nofio mewn pwll llawn pi-pi neu yfed un sip o pi-pi?

Rhannu gwely efo neidr neu efo arth?

Cael breichiau gorila neu goesau gorila?

pen ôl fel gwyneb neu gwyneb fel pen ôl?

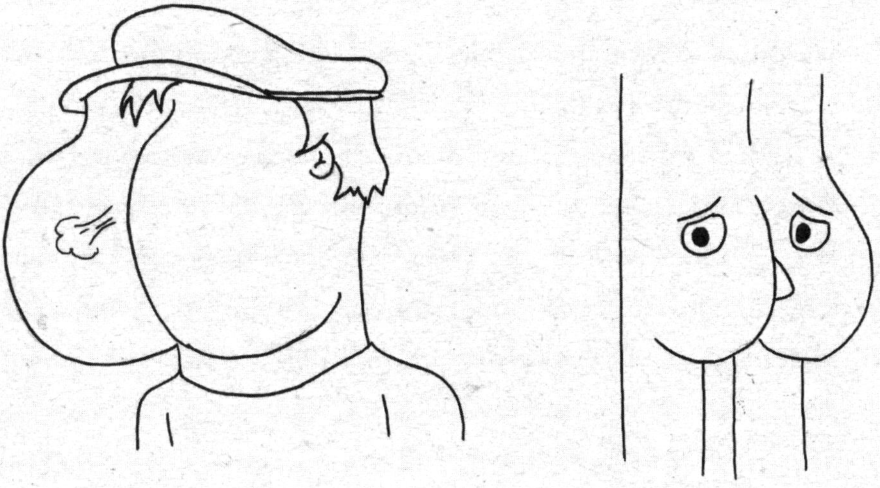

Mae o mor od cael Dafydd a Iwan yma. Dwi'n poeni braidd achos mae Mam yn edrych fel *zombie* a dydi Dad ddim efo lot o amser i siarad na chwarae efo fi. Wedi blino mae nhw dwi'n gwybod, ond ydyn nhw am fod fel hyn am amser rili hir? Ges i afael yn y babis ac o'n i rili ofn brifo nhw – mae nhw mor fach ac ysgafn! Dwi'n meddwl bod nhw'n edrych fel *aliens* blin, ond nes i ddweud wrth Mam bod nhw'n ciwt. Mae nhw'n crio lot. Falle bod cael brodyr bach ddim am fod yn gymaint o hwyl ac o'n i wedi meddwl? Fyddan nhw ddim yn gallu cicio pêl am ages... dwi am ofyn i Alexa...

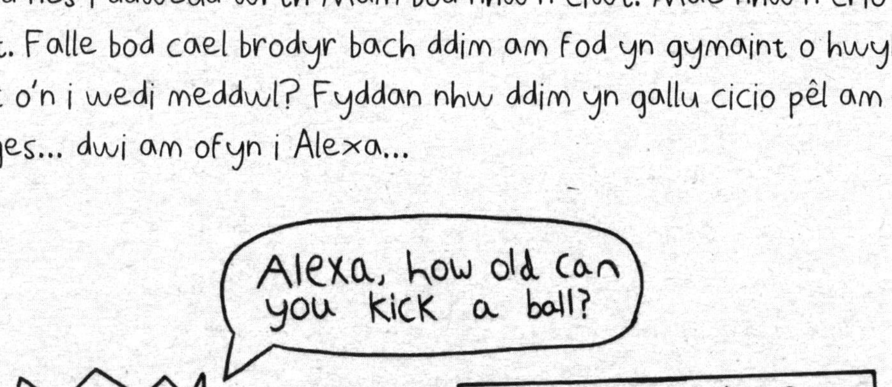

Grêt. Diolch am ddim byd Alexa.

Dydd Sadwrn → Dwi *moooooor* bored.

Dydi tŷ ni ddim yn teimlo fel adref ddim mwy. Sŵn crio Dafydd a Iwan yn mynd ar nyrfs fi. Dwi'n dechrau sylweddoli bod nhw YMA O HYD go iawn. Mae Anabel fwy blin na'r arfer ac yn bangio drysau lot, sydd ddim yn helpu neb. Ani sydd fwya ffeind efo'r babis, ond mae hi jyst yn stwffio tedi Peppa Idiot Pig yn gwyneb nhw a gwneud sŵn mochyn. Dwi ddim yn meddwl bod nhw'n hoffi Peppa. Sut mae unrhyw un yn gallu hoffi Peppa?!

Pethau mwyaf annoying am Peppa Idiot Pig

- rili pinc
- *spoiled brat* – byth yn cael row
- actio fel bos y teulu
- meddwl mai hi sydd yn iawn bob tro
- galw Dad hi yn dew (cas)
- byth yn helpu George (cas)
- ddim *even* yn edrych fel mochyn

Syniad pwy oedd Peppa?!

Dwi am greu cartŵn gwell fy hun (fydd ddim yn anodd).

Waw haha! Dwi'n poeni am sut mae meddwl fi'n gweithio weithiau!! Dwi am alw hwn yn GAZ. Gaz Gwahanol. Dwi am wneud comic i Gaz! Falle gwerthu nhw yn yr ysgol am £1 yr un.

Dim heddiw ddo.

Nos da zzzzzzzzzzz

Dydd Sul

Nana wedi dod draw i gyfarfod Dafydd a Iwan heddiw. Dwi byth yn gwybod os ydi hi'n hapus i weld ni achos dydi hi byth rili'n gwenu. Mae hi'n ddynes reit siriys a strict. Nes i glywed hi'n dweud

"children should be seen not heard"

wrth Mam unwaith. Pob lwc efo hyn yn tŷ ni, Nana!! Mae hi'n gwisgo'n rili posh ac efo lipstick coch sydd bob tro'n mynd ar dannedd ffrynt hi. Dwi ddim yn gweld hi lot, a dwi ddim yn drist am y peth achos dwi ddim yn meddwl bod hi'n hoffi plant.

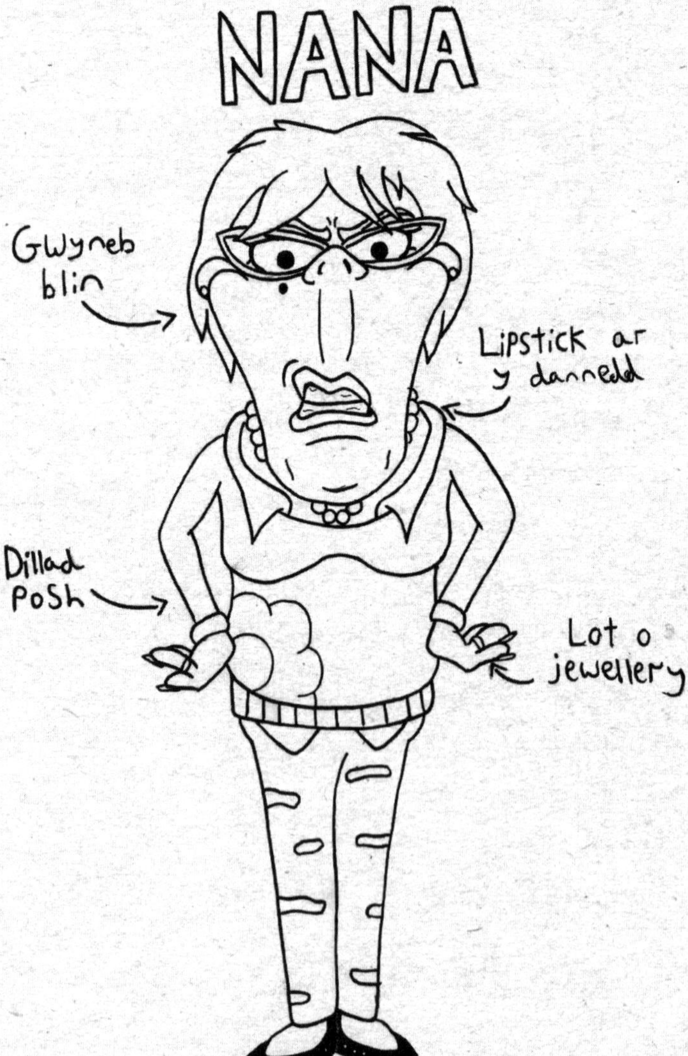

Wnaeth yna rywbeth rili ffyni ddigwydd pan wnaeth hi afael yn y babis. Dyma Dafydd (dwi'n meddwl) yn bod yn sic dros ysgwydd hi!!! Oedd gwyneb hi even mwy blin wedyn, a wnaeth hi neud sŵn od fel bwji. Bwji blin. Nes i hefyd chwarae pranc arni hi (sydd ychydig bach yn ddrwg ond dwi'n meddwl bod hi'n haeddu fo). Oedd hi eisiau dweud "*welcome to the world, little angels*" yn Gymraeg so nes i ddysgu hi. Ar ôl i ni fod yn ymarfer am tua deg munud, aeth hi fewn i'r lownj a dweud o flaen y teulu i gyd –

"Mae gwyneb fi fel pysgodyn wedi marw."

Hahahaaha! Oedd Dad yn rili gwenu so dwi ddim yn meddwl ga i row. Oedd Mam yn edrych yn conffiwsd ond wedi blino gormod i feddwl am y peth, dwi'n meddwl.

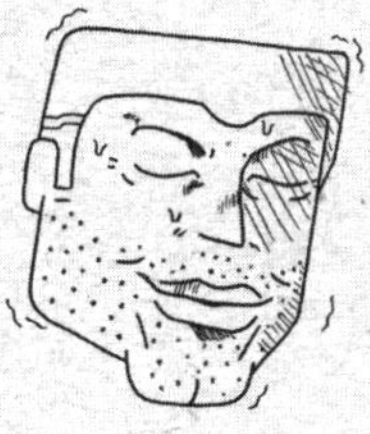

Mae gwyneb hi acshyli yn edrych fel pysgodyn wedi marw pan mae hi'n rili blin!! Fel hyn:

Dydd Llun

Llyfr sgrap newydd a dwi dal heb sôn am Lisa. Mae yna LOT wedi digwydd ers y tro dwytha i fi ysgrifennu. Dwi dal yn rili rili rili rili **riiiiiili** licio hi lot, a dwi'n meddwl bod hi dal yn licio fi. Mae'n anodd dweud efo Lisa. Weithiau mae hi'n siarad lot efo fi, a dod i siarad efo fi amser chwarae. Ond weithiau mae hi'n rili distaw a jyst eisiau bod efo ffrindiau hi. Dyma'r pethau gorau a gwaethaf sydd wedi digwydd ers i fi a Lisa ddod yn agos.

Pethau gorau	Pethau gwaethaf
Mynd i sinema a cael bwyd efo teulu hi	Bwyta'r pitsa mwyaf afiach yn y byd i gyd
Disgo Llangrannog	Mam yn tynnu llun ni wrth giât yr ysgol
Gafael llaw hi amser chwarae	Jack yn bod yn gas am y gafael llaw
Mynd i tŷ hi ar ôl ysgol – 4 gwaith	Dim siarad efo fi ar dydd Santes Dwynwen
Eistedd efo hi ar y bws i nofio bob wythnos	Ffrind hi, Ela, yn gwneud i fi fynd yn goch o flaen pawb yn y dosbarth

Mae Ela bob tro'n trio weindio fi fyny. Dwi ddim yn siŵr iawn pam. Dydi hi ddim yn gwybod sut i siarad yn normal. Mae hi bob tro'n gweiddi – yn gwyneb fi fel arfer. Mae hi'n llawn sass ac yn meddwl mai hi ydi bos yr ysgol. Heddiw wnaeth hi sefyll i fyny o flaen y dosbarth, troi rownd a rwbio cefn hi efo dwylo hi yn smalio bod yn fi a Lisa yn swsio.

Oedd hi fel... "Www Lisa, ti mor lyfli. Www Lisa, dwi eisiau priodi ti". O'n i eisiau i'r llawr agor a bod yna sleid yna i fi ddiflannu i unrhyw le arall yn y byd. Hyd yn oed sleid sy'n mynd dan y ddaear at yr anifeiliaid sydd yn byw yna.

Dwi heb *even* roi sws i Lisa eto. Dwi'n meddwl fyswn i'n licio gwneud, ond fyse'r pilipalas yn y bol yn mynd yn boncyrs. A fyswn i'n mynd yn rili coch – ETO. Mor *annoying*. Falle na i ysgrifennu llythyr arall at Cai. Mae Llangrannog yn teimlo fel amser rili hir yn ôl, ond dwi'n siŵr fyse fo'n cofio fi!

Haia Cai,

Sori dwi heb ysgrifennu ers mooor hir. Gobeithio bod ti'n OK? Dwi dal yn meddwl am y *sheperds pie* llwyd weithiau, ac yn chwerthin bob tro! Fyswn i'n caru os fyset ti'n byw ar yr un stryd â fi. Mae Llanelli yn BELL. Dwi wedi *googlo* fo, ac mae o 102 milltir o tŷ fi. Rhy bell i ddod am dro ar y beic – haha.

Mae yna LOT wedi digwydd ers y tro olaf i fi ysgrifennu. LOT!! Ti am gael sioc, ond dwi efo dau frawd bach newydd un wythnos oed. BONCYRS. Ti am chwerthin pen ti off pan ti'n clywed be mae Mam wedi galw nhw. Dafydd + Iwan. *As in* Dafydd Iwan Arwr Cymru Yma o Hyd bla bla bla. Dwi'n gallu gweld ti'n chwerthin rwan!!! Mae Mam yn *obsessed* efo Cymru a bod yn Gymraeg rwan, er bod hi o Lloegr a dal methu siarad bron dim Cymraeg. Dyma be mae Mam yn gallu dweud –

Diolch
Bore Da
Cau dy geg
Pysgodyn mawr os gwelwch yn dda
Cariad
Yma o Hyd

Mae hi'n trio dysgu dweud 'efeilliaid' yn lle '*twins*' ar y funud. Dydi o ddim yn mynd yn dda. Dydi Dafydd a Iwan bach ddim yn lot o hwyl os dwi'n onest. Yr unig beth mae nhw'n wneud ydi crio, pi-pi, pw, bod yn sic a cysgu. Ac mae Mam a Dad wedi blino DRWY'R AMSER. Mae pawb yn flin o gwmpas y tŷ. Wps, mae hwn yn troi'n llythyr trist braidd!!

Dwi eisiau gofyn am help ti eto plis. Mae o lot haws gofyn i ti, na gofyn i Wil neu Jack, achos ti 102 milltir i ffwrdd so mae'n teimlo'n saff! Dwi a Lisa dal yn agos, a wedi bod yn gweld ein gilydd tu allan i'r ysgol. Ond dwi'n mynd yn goch yn rili hawdd, a dal yn teimlo'n nyrfys pan dwi efo hi. Ti'n meddwl byse hi eisiau rhoi sws i fi? Neu ydi o'n *crinj* i feddwl am hyn?! Dwi'n meddwl fyswn i'n hoffi trio, ond SUT?! Plis paid dweud wrth NEB.

Cwestiwn randym i ti achos dwi'n gwybod bod ti'n hoffi nhw! Ti'n gorfod dewis rhoi sws i un, priodi'r llall, a taflu un i'r bin. Dyma'r dewis –

Sian Corn
Bluey
Elin Fflur

Haha, edrych ymlaen i weld pwy ti wedi dewis.
Plis ysgrifenna'n ôl yn sydyn,

Ta ta Cai!
Macs

Dydd Mawrth

Mam newydd ddweud bod ni'n gorfod mynd i aros at Anti Catrin dydd Gwener. Chwaer fach Dad ydi Anti Catrin, ac mae hi'n boncyrs.

Dwi'n meddwl bod hi wedi dewis cael cathod yn lle cael plant. Mae hi'n byw efo 7 cath i gyd. Sami, Swsi, Sali, Swci, Storm, Seren a Sera. Dwi methu dweud y gwahaniaeth rhwng y rhan fwyaf ohonyn nhw – heblaw am Storm, achos bod o'n ofnadwy o dew. Mae o bron yr un seis ag Ani. Ac mae o'n rili blewog. A blin.

Storm

Ych.

I wneud pethau'n waeth dwi'n *alergic* i gathod.

Ond, mae yna bethau da am fynd i aros at Anti Catrin hefyd...

- cael *sweets* i frecwast
- gwylio YouTube ar iPad hi
- Fanta yn lle dŵr
- McDonald's i frecwast, cinio neu swper (mae hi'n byw yn rili agos at un)
- cael mynd i'r gwely yn hwyr
- y peiriant gwneud candi fflos

Iep – peiriant gwneud candi fflos!! Nes i ofyn pam bod hi efo'r peiriant – oedd o'n bresant pen-blwydd gan ffrindiau hi, achos bod gwallt hi'n edrych fel candi fflos. Catrin Candi Fflos mae nhw'n galw hi. O'n i'n teimlo'n drist braidd achos dydi hi ddim hyd yn oed yn hoffi candi fflos. Ond mae gwallt hi **yn** rili tebyg.

Mae hi mewn gwisg ffansi weithiau, am ddim rheswm o gwbwl. Mae yna ystafell yn y tŷ yn llawn wigs, gwisgoedd a hetiau... mae Ani yn caru yr ystafell yna. Er, wnaeth hi gael ei sgratsho'n ddrwg unwaith, ar ôl trio stwffio Storm i mewn i wisg môr-leidr.

Haha, doedd o ddim yn hapus!!

Jôc

Pam fod adar yn hedfan i'r de yn y gaeaf?

Rhy bell i gerdded.

Dydd Mercher

Dwi newydd drio torri gwinedd traed fi heb help. Mam sydd fel arfer yn gwneud ond dwi ddim yn licio gofyn pan mae hi mor brysur efo Dafydd a Iwan. Oedd o ddim yn hawdd. Dwi wedi gwneud job OK, ond mae yna un gewin mor finiog mae o'n teimlo fel cyllell. Fyse fo'n gallu bod yn handi mewn ffeit efo Anabel. Fel cleddyf bach slei ar y droed. Tro nesa mae hi'n gas, na i dynnu esgid chwith fi off a gwneud ninja cic yn ei gwyneb!!

Dydd Iau

Oedd Miss Huws ddim yn yr ysgol heddiw. Dyma ni'n cael athrawes dwi erioed wedi gweld o'r blaen o'r enw Mrs Edwards. Dwi ddim yn gallu credu be nes i weld hi'n gwneud. Oedd trwyn hi'n rhedeg ac o'n i'n meddwl bod hi'n cael tishw allan o poced hi. Ond dim tishw oedd o – NICS. Nics rili mawr efo ffrils a blodau drostyn nhw i gyd.

Oedd pawb yn brysur yn darllen pan wnaeth hyn ddigwydd, so dim ond fi wnaeth weld. Dyma hi'n edrych arna fi am 4 eiliad, cyn sychu trwyn hi YN Y NICS, a rhoi nhw nôl yn y boced fel bod dim byd wedi digwydd. Nes i basio darn papur i Wil yn syth...

Wil, mae hi newydd sychu trwyn hi efo pâr o nics. *What the?!*

DYMA WIL YN DECHRAU CAEL *GIGGLES*. Doedd o ddim yn gallu stopio chwerthin. A do, nes i DROI'N GOCH – SYPREIS, SYPREIS!

Mae o reit amlwg be wnaeth ddigwydd nesa. Dwi'n flin efo fy hun am wneud hyn eto. Sut nes i ddim dysgu gwers ar ôl y busnes "pen cruban"?! Wnaeth Mrs Edwards gymryd y darn papur a'i ddarllen o'n ddistaw. Ddim dros y dosbarth i gyd, diolch byth. Ond oedd hi'n gwybod mai fi oedd wedi rhoi'r papur i Wil. Dyma hi'n dod ata fi ac edrych lawr arna fi am tua 13 eiliad. Oedd yna drip o snot bron â disgyn ar talcen fi. Yr unig beth wnaeth hi oedd sibrwd "darllen, fachgen" a cerdded i ffwrdd. FFIW. Dim row, dim byd.

Dyma lun o'r eiliad wnaeth calon fi bron â ffrwydro allan o corff fi.

Dwi'n gobeithio fydd Miss Nics ddim yn dod nôl i ysgol ni. Dwi BYTH eisiau gweld hi a'i nics enfawr, snoti byth eto.

Dydd Gwener

Dwi am adael y llyfr yma adref achos dwi ddim eisiau colli fo yn tŷ Anti Catrin. (A dwi ddim eisiau cath i bi-pi neu bod yn sic drosto fo chwaith).

Dwi am fynd â papur sgrap efo fi, a na i ysgrifennu bob dim wnaeth ddigwydd ar ôl dod adref nos Sul. Dafydd a Iwan dal yn crio lot so dwi'n edrych ymlaen at fynd os dwi'n onest.

Nos Sul

Dwi heb flino gymaint â hyn ers amser hir iawn. Am fynd drwy bob dim wnaeth ddigwydd, yn dechrau prynhawn dydd Gwener...

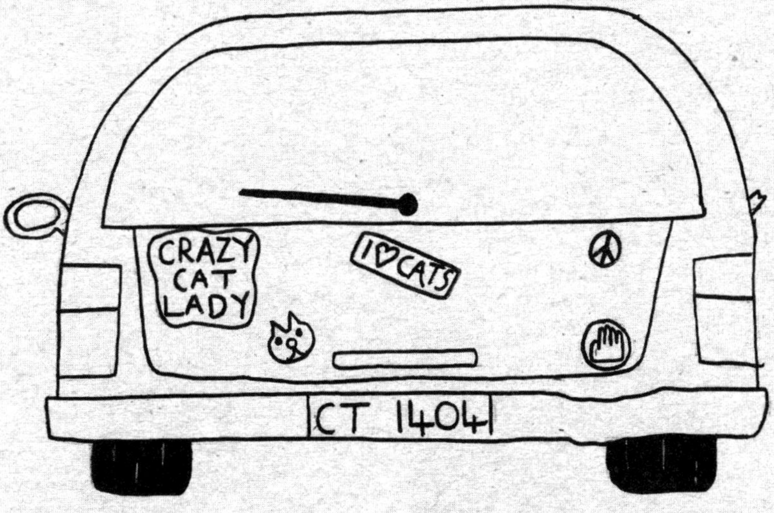

3.30 Anti Catrin yn nôl ni o'r ysgol – PAWB yn edrych. Mae hi'n dreifio car bach oren, efo sticers dros y cefn i gyd. Mae yna un sticer yn dweud '*CRAZY CAT LADY*'. Dyma hi'n dod allan o'r car efo'i gwallt mawr pinc yn bownsio i bob man. Oedd Anabel yn y car yn barod, efo pen hi lawr (ar TikTok neu Snapchat 🙄).

Wnaeth hi ofyn i fi lle oedd Lisa, cyn dweud helo hyd yn oed (mae'n rhaid bod Mam wedi dweud rhywbeth – GRRRR). Dwi erioed wedi symud mor sydyn. Nes i bangio pen fi'n galed wrth neidio mewn i'r car achos y panic. AW + crinj. Dwi ddim yn meddwl wnaeth Lisa weld na clywed dim byd (gobeithio).

4.00 Stopio mewn garej am snacs. O'n i mor hapus i adael y car. Oedd yna flew cath yn BOB MAN ac oedd llygaid fi wedi dechrau cosi yn barod. Ges i piriton (ffisig achos y blew cath), can o *coke*, drops i'r llygaid a paced o grisps.

4.30 Ani yn *annoyio* pawb yn trio canu *Baby Shark* 100,000 o weithiau. Un peth sy'n waeth na gwrando ar *Baby Shark* drosodd a drosodd ydi gwrando arno fo ALLAN O DIWN.

4.35 Anabel yn rhoi *headphones* mlaen a stopio siarad efo Anti Catrin.

4.55 Ani yn mynd i gysgu – DIOLCH BYTH.

5.30 Anti Catrin ddim yn stopio siarad efo fi. Help. Gofyn lot o gwestiynau am Lisa. Dwi'n gofyn os gawn ni wrando ar gerddoriaeth. Mae hi'n chwarae caneuon dwi ddim yn nabod na hoffi. Yn rili uchel.

7.00 Cyrraedd McDonald's reit wrth tŷ hi, mynd drwy'r *drive thru* ac mae hi'n ordro 4 *happy meal. HAPPY MEALS?!?!* Mae Anabel mewn gormod o sioc i ddweud dim byd. Oedd o reit ffyni gweld gwyneb hi yn gafael yn y bocs – haha!

7.20 Cyrraedd tŷ Anti Catrin a'r 7 cath yn dod i lyfu esgidiau ni. Ych. Heblaw Storm oedd jyst ar y grisiau yn edrych arna ni'n flin.

8.00 Ar ôl cymryd 40 munud i ddewis ffilm, eistedd ar y soffa (sydd yn llawn blew cath) a dechrau gwylio *The Lion King*. Hoff ffilm Anti Catrin. Y cathod yn eistedd ar glin ni . Storm dal yn flin a ddim am ddod yn rhy agos at neb.

9.00 Ani wedi mynd yn rili ypset yn gwylio *Lion King* yn y darn lle mae dad Simba yn marw. Mae o'n gwneud i fi bron crio hefyd ond nes i ddim dangos hyn i neb. Dewis drwg o ffilm, Anti Catrin!! Mae Ani yn cysgu efo hi a'r cathod rwan. Anabel yn y llofft sbâr, a dwi ar y soffa. Y soffa flewog. Dwi bron yn siŵr bod Storm yn y gornel yn chwyrnu'n flin. Pob lwc i fi yn cysgu heno.

1.00 yn y bore Deffro efo Storm yn eistedd ar bol fi yn edrych yn RILI blin arna fi. Sgrechian dros bob man a deffro Anti Catrin.

Mae hi wedi rhoi hufen iâ i fi (i drio gwneud i fi deimlo'n well). Fysa hyn wedi bod yn neis heblaw bod yna flew cath yn yr hufen iâ. Pwy sydd eisiau hufen iâ blewog? NEB. Wedi cael mwy o drops yn y llygaid hefyd. Dwi eisiau mynd adref. Mae crio Dafydd a Iwan yn well na hyn.

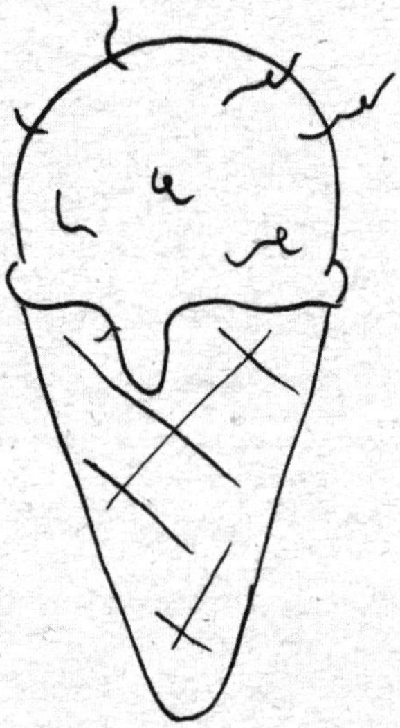

5.00 yn y bore Ani yn deffro fi yn rhoi PEPPA IDIOT PIG YMLAEN AR Y TELEDU. Does yna ddim ffordd gwaeth i ddeffro na hyn. Fyse'n well gen i gael Storm yn eistedd ar gwyneb fi. Neu pi-pi yn ceg fi hyd yn oed.

Nes i ddim gwneud gymaint o nodiadau ar y dydd Sadwrn. O'n i wedi blino gormod. Amser cinio, wnaeth Anti Catrin fynd â ni i pub o'r enw *The Unicorn*. Oedd Ani'n ypset bod yna ddim *unicorns* yna. Tro yma, dyma ni'n cael dewis unrhyw beth i fwyta – dim jyst y dewis plant. Dwi'n meddwl oedd hi'n teimlo'n ddrwg am yr *Happy Meals*. Nes i ddewis byrgyr oedd yn costio £16. A peint o Fanta i yfed. O'n i angen hyn i deimlo'n well (a mwy o ffisig a drops, dwi'n **ofnadwy** o *alergic* i gathod). Un peth nes i anghofio gwneud oedd gofyn am byrgyr PLAEN.

Oedd o seis **pen fi**. O'n i eisiau crio. O'n i ddim yn hoffi 75% o be oedd rhwng y bara. O'n i hefyd yn teimlo'n ddrwg bod o'n £16, a ddim eisiau gwneud ffys. Lwcus bod yna bocedi yn siwmper fi. Pan oedd neb yn edrych, nes i stwffio bob dim o'n i ddim yn hoffi mewn i'r pocedi. Wedyn, defnyddio *napkin* i sychu'r holl sôs off y byrgyr. Oedd o *kind of* yn teimlo fel sychu pen ôl fi ar ôl pw rili slopi.

Dwi ddim yn meddwl bod neb wedi gweld fi'n rhoi'r bwyd yn y pocedi. Ond, pan oedden ni'n gadael, nes i weld ci mawr sgeri yn sefyll wrth y drws. Y peth nesa, oedd o'n sniffio pocedi fi. Wedyn, oedd trwyn fo yn y boced a dyma fo'n cael gafael ar y *bacon*. Cyn i fi allu stopio fo (oedd o'n dychryn fi braidd) dyma gweddill y bwyd yn disgyn ar y llawr (carped rili posh melyn golau). Aeth pawb yn ddistaw, ddistaw (heblaw Ani oedd wedi dechrau sgrechian crio). Nes i panicio a rhedeg allan at y car. Pam bod y pethau yma bob tro'n digwydd i fi?!

Oedd yna neb yn siarad yn y car ar y ffordd nôl i tŷ Anti Catrin. O'n i'n teimlo'n ddrwg, ac ychydig yn drist so nes i ddewis mynd i'r llofft sbâr ar ben fy hun, crio ychydig bach, a gwneud comic i Gaz Gwahanol.

Jôc

Pam oedd y papur toilet methu croesi'r ffordd?

Oedd o'n sdyc yn y crac.

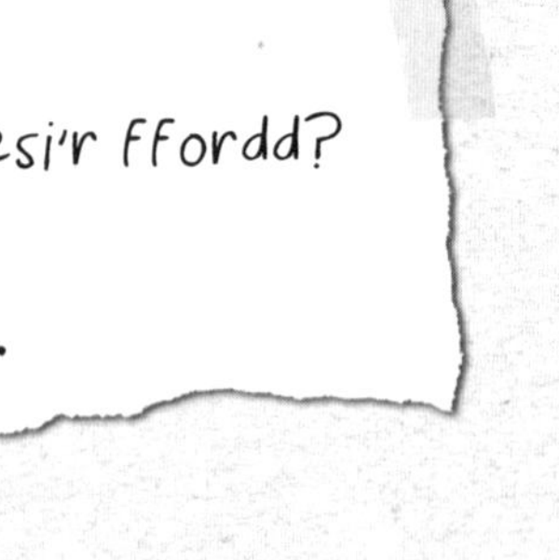

Roedd Gaz Gwahanol yn byw ar blaned Zag.

Fo oedd yr unig un ar y blaned.

Roedd Gaz yn unig felly aeth o am dro mewn roced.

Dyma Gaz yn hedfan drwy'r gofod a gweld planed wyrdd a glas.

Glaniodd ar y Ddaear – ar ben yr Wyddfa.

Roedd pawb wedi dychryn i ddechrau.

Gwenodd Gaz a chodi llaw ar pawb.

Cafodd Gaz groeso mawr!

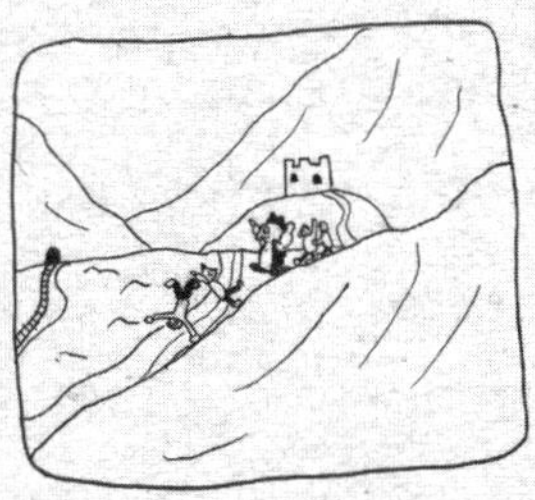

Aeth Gaz lawr i Lanberis efo'i ffrindiau newydd.

Dyma pawb yn cael pitsa i ddathlu.

Dwi'n meddwl bod comic Robo-ci yn well. Dwi ddim yn siŵr am Gaz Gwahanol, haha! Nes i ddweud sori wrth Anti Catrin am be oedd wedi digwydd efo'r byrgyr.

Oedd hi'n rili ffeind a wnaeth hi adael i ni wneud y candi fflos **mwyaf** dwi erioed wedi gweld.

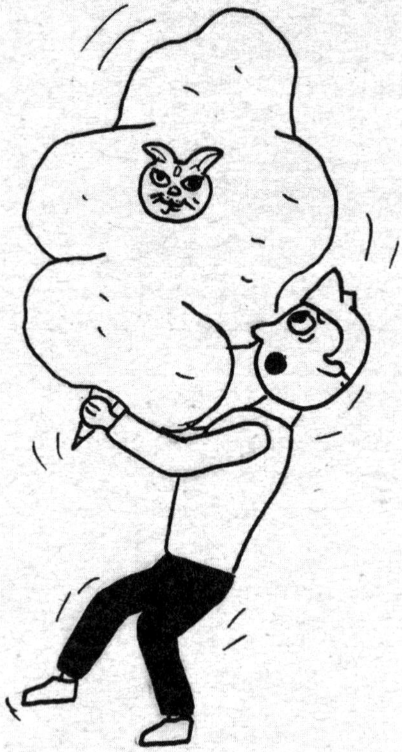

Ges i wylio lot fawr o YouTube ar y soffa, oedd yn teimlo **mooooor** dda. Ond wedyn oedd llygaid fi'n llosgi ac o'n i methu cysgu am ages. Nes i ddechrau meddwl am bethau rili od a sgeri. Fel bod Mam efo pen cwningen, a dad efo corff siarc.
Dwi'n meddwl nes i gysgu yn y diwedd. Oedd y cloc yn dweud 2.23 yn y bore y tro olaf dwi'n cofio edrych.

Yr unig beth werth ysgrifennu heddiw ydi bod ni wedi dod adref. Mae o mor *weird* sut mae adref yn gallu teimlo fel y lle gwaethaf yn y byd weithiau, ond dwi bob amser yn hoffi dod nôl. Edrych ymlaen GYMAINT at gysgu yn gwely fy hun.

Dydd Llun

Mae Jack wedi cael **iPhone 17 Pro Max** ac yn dweud wrth PAWB. Mae o'n gallu bod yn gymaint o show off weithiau.

Oedd o'n dweud wrth pawb bod o wedi costio £1000!!!

Dwi ddim ond efo £23 yn cadw-mi-gei fi. Ac mae Mam wedi dweud dim *smartphone* tan dwi'n 14 oed. Mae hi'n casáu nhw. Yn mynd on ac on am y peth. Dwi ddim eisiau bod yr unig un heb ffôn . Sut bod gan Jack gymaint o bres? Wnaeth Dad ddweud ddoe fod gan y person mwyaf cyfoethog yn y byd dros £800 BILIWN PUNT!!! Biliwn?! Mae yna 1000 miliwn mewn un biliwn. Ac mae bob miliwn yn 10 × cant mil. Dwi methu cael pen fi rownd hyn...

Pethau fyswn i'n prynu efo £800 biliwn

1. iPhone 17 Pro Max
2. Stadiwm Anfield
3. Lamborgini gwyrdd fflashi
4. Bob set Lego yn y byd
5. *Mansion* yn Awstralia (ar lan y môr)
6. Surfboard
7. Gwersi syrffio
8. Jet i hedfan adref
9. Sŵ Gaer (a'r holl anifeiliaid)
10. Ynys wrth Miami
11. iPhone 17 Pro Max i Lisa
12. Cymru (ydech chi'n cael prynu gwlad?)
13. McDonald's Aberystwyth (byth gorfod talu am dim byd)

14. Cwch cyflym

15. Toilet aur (pam ddim?!)
16. Ysgol fi (a newid y rheolau i gyd – dim athrawon na gwersi)
17. Gwely sydd hefyd yn gallu hedfan i unrhyw le yn y byd
18. Sinema yn yr ardd

19. Unrhyw cit pêl-droed newydd, unrhyw bryd dwi eisiau

20. Peiriant gwneud pitsa – gwneud pitsa mewn 10 eiliad
21. *Trainers* newydd bob mis
22. Bocs enfawr o Maoams bob wythnos

Dydd Mawrth

Rhywbeth ofnadwy wedi digwydd heddiw. Nes i drio newid napi am y tro cyntaf. Oedd Dad yn helpu fi, ac oedd bob dim wedi mynd yn dda efo Iwan. Ond wedyn nes i drio newid un Dafydd. Nes i agor y napi budur, a dyma Dafydd yn dechrau pi-pi. Oedd o fel gwn dŵr yn saethu'n syth i llygad fi. I wneud pethau'n waeth, oedd Dad yn chwerthin  .

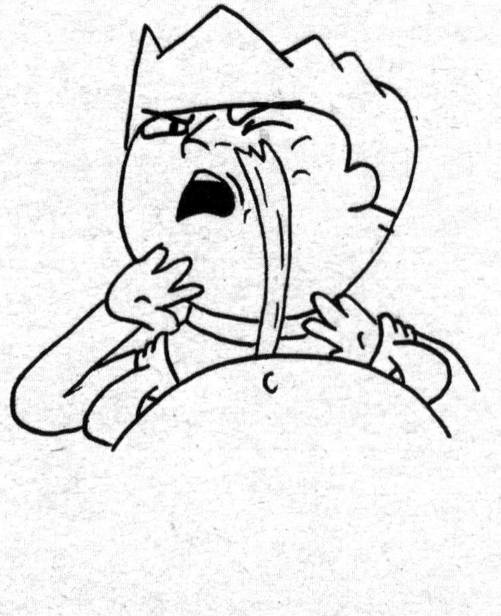

Dwi'n mynd i gael bath, a dal pen fi dan y dŵr efo llygaid ar agor am 30 eiliad i wneud yn siŵr bod y pi-pi i gyd wedi mynd. A dwi ddim am newid napi byth eto. (Os dwi'n gorfod, na i wisgo *goggles* nofio fi.)

Alexa, how do you get pi-pi out of your eye?

Dydd Mercher

Lisa wedi bod yn actio'n od efo fi ers hir. Jyst yn aros efo ffrindiau hi a byth yn dod i siarad. Dwi ddim yn gwybod be i wneud. Dwi'n meddwl mai bai Ela ydi hyn. Os fyswn i'n ddewr, fyswn i'n rhoi llythyr i Lisa. Dwi ddim am roi o iddi hi, ond dwi am ysgrifennu fo i weld os dwi'n teimlo'n well wedyn.

Haia Lisa,

Gobeithio bod ti'n iawn.

~~Dwi wedi bod yn poeni~~

~~Dwi dal yn rili boffi ti~~

~~Wyt ti eisiau mynd i'r sinema eto?~~

Na. Does yna ddim pwynt. Mae o'n rhy anodd ysgrifennu dim byd sydd ddim yn crinj. Falle fydd raid i fi jyst drio siarad efo hi fory. Pam bod siarad efo hi mor anodd i fi?

Dydd Iau

Jack wedi gofyn os ga i fynd am *sleepover* dydd Sadwrn. Dwi erioed wedi cysgu yn tŷ Jack o'r blaen so dwi ychydig bach yn nyrfys.

Mae stepdad o'n edrych dipyn bach yn sgeri a dwi wedi clywed fo yn bod yn gas efo Jack o'r blaen. Nes i ddweud wrth Mam a Dad bod Jack wedi cynnig i fi aros ac oedden nhw'n meddwl bod o'n syniad da i fi fynd. Mae nhw mor brysur efo Dafydd a Iwan, mae'n gwneud sens i fi fynd o'r ffordd dwi'n meddwl.

Wedi cael llythyr yn ôl gan Cai!

Shwmae Macs!

Hei, sypreis grêt clywed gen ti boi! Wedi bod mor hir!! Diolch am ysgrifennu gymaint am dy fam, haha. Fydd raid i fi ddod am sbin bach i ddysgu bach o Gymrâg iddi – ni sy'n siarad yn gywir lawr yn y de ty'mod?! Fydden i'n dysgu iddi ddweud 'Mae Cai yn fachgen golygus iawn iawn!'

Fi ffili credu'r newyddion – efeilliaid?! Dafydd ac Iwan? Ma' mam ti'n craco fi lan!! Yw hi'n chwarae Yma o Hyd drwy'r dydd iddyn nhw?! Ry'n ni yma o hyyyyyyyyyyd! Na, llongyfarchiadau, boi – ti am fod yn frawd mawr sbeshal.

Sai'n siŵr beth i'w ddweud am Lisa. Sdim angen brysio pethau oes e? Bydden i jyst yn go with the flow a gadael iddi hi arwain pethe. Fydd e reit amlwg os yw hi am i ti roi cusan iddi (sori, sws, haha), gei di weld.
Fi'n falch bod ti'n teimlo'n saff yn holi'r pethe hyn i fi.

Falle bod hi'n meddwl bod ti'n anwybyddu hi? Pryd nest ti siarad efo hi ddwytha? Tria beidio meddwl gormod am y peth – jyst dechrau siarad am rywbeth ti'n gwybod mae hi'n hoffi.

Ac i ateb dy gwestiwn di, bydden ni'n rhoi Bluey yn y bin, rhoi sws i Sian Corn (i ddiolch am yr holl anrhegion dros y blynydde) a priodi Elin Fflur (er bod hi tamed bach yn hen i fi, haha).

Cadwa mewn cysylltiad, boi!

Cai x

Dwi'n drist bod Cai ddim yn byw yn nes.

Dydd Gwener

Wedi trio siarad efo Lisa heddiw ond wnaeth Ela sbwylio bob dim. Dyma be wnaeth ddigwydd –

Fi: Haia.
Lisa: O haia Macs.
Fi: Oes gen ti plans dros y penwythnos?
Ela: (yn gwneud llais rili annoying fel llygoden) Wwww haia Lisa, oes gen ti plans?? Achos dwi'n CARU ti Lisaaaaa!
Lisa: Plis paid Ela. Gweld ti dydd Llun Macs.

A dyna fo. Wnaeth hi gerdded i ffwrdd a gadael Ela'n gwenu'n sassy arna fi. Falle well i fi jyst sdicio efo ffrindiau. Mynd at Jack fory, wedi gwneud rhestr o be i bacio...

- Cit Lerpwl + skins
- Bŵts pêl-droed
- Pyjamas newydd fi (dim y rhai sydd rhy fawr – disgyn lawr = embarrasing)

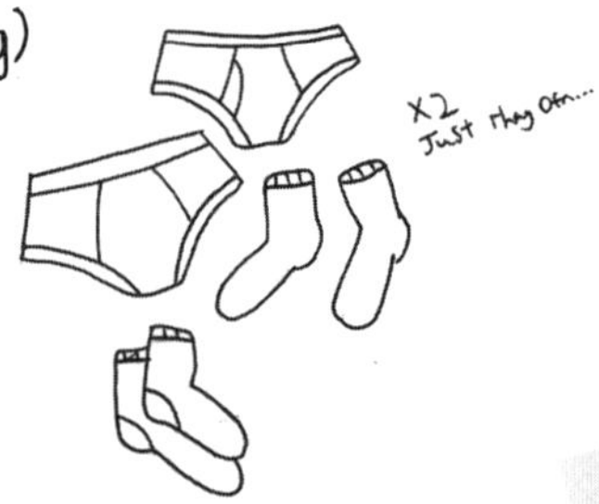

- Trôns + sanau glân
- Brwsh dannedd
- Past dannedd (rhai ffrindiau weithiau efo blas gwahanol ych)
- Piriton + drops llygaid (dwi ddim yn siŵr os oes gan Jack gath, a dwi ddim yn siŵr pa anifeiliaid dwi'n alergic iddyn nhw, so gwell bod yn saff)
- Bag o Haribos (ddim am ofyn wrth Mam a Dad, rhag ofn iddyn nhw ddweud na)
- Controlers Switch a gêms
- Tortsh (Jack wedi dweud gawn ni sneakio lawr staer pan mae pawb yn cysgu i gael snacs o'r gegin)

Dwi wedi dechrau cysgu efo yr un tedi bob nos ers i Dafydd a Iwan gael eu geni. *Weird* braidd ond dwi wedi bod yn teimlo'n rhyfedd efo Mam a Dad yn rhoi sylw nhw i gyd i'r babis, ac mae cysgu efo hen tedi fi wedi gwneud i fi deimlo'n well. Dwi ddim yn meddwl na i fynd â fo efo fi, neu falle fydd Jack yn bod yn gas? Twmi ydi enw'r tedi – ci du a gwyn – a nes i gael o pan o'n i'n 3 awr oed! Falle na i stwffio fo mewn hosan fel bod Jack ddim yn gweld.

Jôc

Pwy mae taid yn ffonio os yn sâl?

Nain nain nain.

Nos Sul

Lot wedi digwydd. Dwi wedi blino gormod i ysgrifennu bob dim rwan, so jyst nodiadau sydyn heno i fi gofio bob dim.

- Chwarae *truth or dare*
- Ystafell chwaer fawr Jack!!!
- *Chinese* mwyaf afiach yn y byd
- Stepdad Jack yn dal ni yn y gegin am 1.37 yn y bore
- Lot o Fifa
- Tedi Jack
- Toilet ddim yn gweithio

Nos da x

Dydd Llun

O'n i rili rili rili rili rili rili ddim eisiau mynd i'r ysgol heddiw. Oedd y gwely yn teimlo mor gyfforddus – fel cwmwl mawr cynnes. Dwi'n meddwl fyswn i wedi dewis aros yna am byth ond WNAETH DAD DDOD A TYNNU Y CWILT OFF. Dim jyst tynnu'r cwilt off ond rhoi cadach gwlyb oer ar gwyneb fi hefyd. Rhy bell, Dad. *Not cool.*

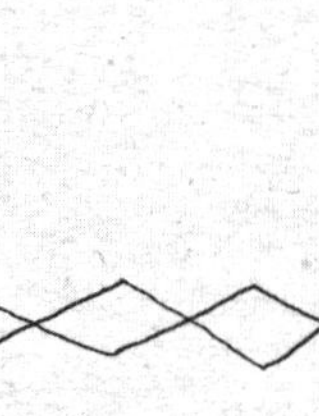

Dim byd da wedi digwydd yn yr ysgol. O'n i ddim yn teimlo'n dda iawn heddiw. Teimlo ychydig yn drist ond ddim yn gwybod pam.

Nôl at y *sleepover* yn tŷ Jack. Y *truth or dares*!!! O'n i ofn chwarae efo Jack achos dwi'n gwybod bod o'n gallu mynd â pethau rhy bell. Am wneud tabl i ddangos be wnaeth ddigwydd.

ENW	TRUTH	DARE
Macs	O'n i'n meddwl fyse hyn yn well na *dare* ond wnaeth o ofyn os ydw i erioed wedi meddwl am roi sws i Lisa. Nes i ddweud do a wnaeth o chwerthin pen fo *off*.	X
Jack	X	Mynd at mam fo a dweud bod o eisiau mynd ar *date* efo Bethan o blwyddyn 6. Oedd mam fo mor hapus achos mae hi'n ffrindiau efo mam Bethan!!!
Macs	X	Mynd i ystafell chwaer fawr Jack – Lilly (blwyddyn 9) a gwneud silffoedd *makeup* hi'n flêr. Lwcus bod hi ddim adref, ond o'n i dal ofn!
Jack	Nes i ofyn pwy mae Jack yn hoffi o ferched blwyddyn 6. MAE O'N HOFFI ELA!!!!	
Macs		Rhedeg rownd yr ardd heb top ymlaen. Oedd stepdad fo – Mike – yn gweiddi arna fi i ddod mewn a gwisgo. Mor *embarrassing*. Lilly'n cyrraedd adref a gweld fi hefyd – PAM?!?
Jack		Mynd at Lilly a trio rhoi cwtsh mawr iddi hi a dweud bod hi'n edrych mor ddel heddiw. Hahaha – wnaeth hi slamio drws llofft hi'n gwyneb fo!

DYNA PRYD NES I GLYWED Y SGRECHIAN YN DOD O LLOFFT LILLY.

Diolch BYTH, wnaeth Jack gymryd y bai. O'n i ddim yn meddwl fyse fo (mae o'n gallu bod yn gas weithiau). Oedd hi wedi fflipio go iawn. Yn sgrechian yn gwyneb Jack a gwthio fo'n galed. Lwcus, wnaeth Mike ddod a dweud wrthi adael llonydd i ni. Ond wnaeth hi sgrechian arno fo hefyd–

A bangio drws hi eto. Mae hi acshyli'n gwneud i Anabel edrych fel angel. Cyn iddi hi gael fflip, oedd Lilly'n edrych yn rili neis. Oedd o fel bod hi wedi troi mewn i *monster*.

Lilly cyn gwylltio:

Lilly ar ôl gwylltio

Oedd Jack wedi mynd yn rili distaw ar ôl i Lilly weiddi ar Mike. Nes i ofyn os oedd o'n drist bod o ddim yn byw efo dad fo drwy'r amser. O'n i ddim yn meddwl byse fo eisiau siarad am y peth. Ond wedyn wnaeth o ddweud fod yna bethau da a drwg am y peth. Oedd o wedi ysgrifennu'r pethau da i lawr, a dyma fo'n dangos nhw i fi:

- Cael 2 ystafell wely (a teledu yn llofft fi'n tŷ Dad)
- Mam a Dad mewn mŵd gwell efo fi rwan
- Mwy o bresantau Nadolig a pen-blwydd
- Mwy o ddillad (angen stwff yn y 2 dŷ)
- Cael hwyl efo Ben (mab Mike) pan mae o'n dod i aros
- 2 gar (Mam wedi cael car newydd, mini Cooper cŵl)

Dwi wedi dod i nabod Jack lot gwell yn y sleepover yma. Dwi'n meddwl weithiau bod o'n actio'n wahanol yn yr ysgol.

Dwi'n gorfod sôn am y *Chinese*. Ond dim gormod neu fydda i'n sic. Dim ond un waith dwi erioed wedi blasu bwyd *Chinese* cyn tŷ Jack, yn tŷ Anti Catrin. Ges i ryw peli *chicken* a nŵdls a chips. Anti Catrin oedd wedi dewis bob dim ac oedd o'n *OK*. Aeth Mike i nôl y bwyd – a wnaeth o gyrraedd yn ôl yn cario bocs mawr. Wedyn oedd o yn y gegin am rili hir. Be oedd Mike yn wneud oedd rhoi ychydig o bob dim ar blât pawb. Dwi ddim yn dweud celwydd – oedd o'n edrych fel bod yna rywun wedi bod yn sic ar plât fi. Efo ychydig o daiaria ar yr ochor. Oedd yna rywbeth tebyg i *eyeballs* yn nofio ar top bwyd fi hefyd.

DIS-GYS-DING.

Nes i edrych o gwmpas i weld os oedd rhywun arall yn panicio, ond oedd pawb yn bwyta'r bwyd yn rili cyflym ac yn gwneud lot o sŵn... fel slllyyyyyrp lllllllsllls mmmmm omomomom.

YCH! O'n i byth am allu bwyta hwn. *NO WAY*. Oedd gen i gwpan peint llawn so be nes i oedd yfed fo i gyd, wedyn rhoi'r gwpan rhwng coesau fi o dan y bwrdd.

Wedyn o'n i'n rhoi bwyd ar y fforc, ond yn tipio fo mewn i'r gwpan heb i neb weld.

Oedd pawb yn mwynhau'r bwyd afiach gormod i weld fi'n llenwi'r gwpan – REIT I'R TOP. Ar ôl i pawb orffen a gadael y bwrdd, nes i jyst mynd i'r toilet (yn cario'r gwpan llawn) a rhoi o lawr y pan. FFLYSH!!! Mor hapus. Ond rili llwglyd. Os fyse cael gwared o fwyd dwi ddim yn licio yn Olympic *sport* fyswn i'n cael medal aur dwi'n meddwl.

Nes i fwyta'r *Haribos* i gyd, ac oedd Jack efo plan i ddwyn snacs o'r gegin pan oedd pawb yn cysgu. Oedd o wedi gwneud map i ni.

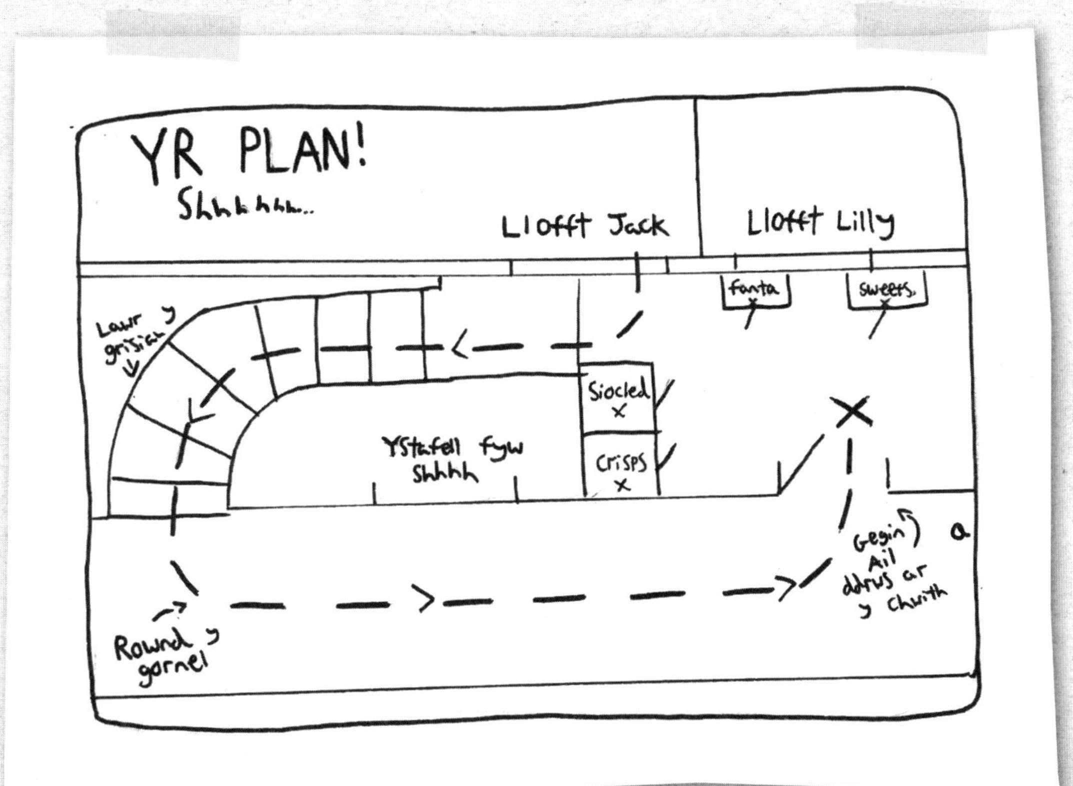

Oedden ni'n aros am amser hir iawn i'r golau ddiffodd lawr staer. 1.20 yn y bore nes i glywed rhywun yn dod fyny grisiau a cau drws y llofft. Oedd hi'n rili distaw wedyn so dyma ni'n rhoi'r tortsh ymlaen a dechrau dilyn y map.

Be oedd y map ddim yn dweud oedd fod llawr Jack yn gallu gwneud lot o sŵn wrth sefyll arno. Dim bob man. Jyst rhai darnau. Sŵn fel criiiiiiiiiiiiiiiiiiiiiiiiiiiiiiiiiiiiiiiiiiiic.

O'n i MOR NYRFYS. Wnaeth o gymryd 9 munud 43 eiliad i gyrraedd y gegin. Ar ôl cyrraedd, dyma ni'n dechrau llenwi bag ysgol Jack yn gyflym efo...

2 can o Fanta

4 paced o grisps

3 paced o Maoams

Bag o *Gummy Clusters*

7 Bisged

1 Banana (dwi ddim yn siŵr iawn pam, oedd o jyst yna wrth y crisps yn edrych yn drist)

1.37 yn y bore – MIKE YN CERDDED MEWN A RHOI'R GOLAU YMLAEN

Oedden ni'n dau wedi rhewi. Oedd o fel chwarae *musical statues*. Heb y gerddoriaeth na'r hwyl. Oedd o'n teimlo fel awr, ond dwi'n meddwl oedd o fwy fel 27 eiliad. Wedyn, wnaeth Mike jyst gwenu a sibrwd "*I won't tell your Mum – go on – upstairs, lads!*"

A dyna ni!!! Dim row. Falle bod Mike jyst yn edrych yn sgeri, ond ddim yn sgeri go iawn. Nes i fwyta 2 baced a hanner o grisps, 4 bisged, paced o Maoams ac yfed y Fanta. Oedd o mooooor neis. Ond nes i ddechrau teimlo'n sic ar ôl rhannu'r paced mawr o *Gummy Clusters*. O'n i'n llyncu sic bob ryw 6 eiliad am tua awr.

Un peth da, oedd dim angen i fi boeni am ddod â tedi. Mae Jack efo tedi mawr *Jellycat* siâp pêl-droed o'r enw Wali, ac oedd o ddim yn trio cuddio fo so nes i gael Twmi allan o'r hosan. Wnaeth Jack ddim bod yn gas, jyst dweud bod o'n edrych fel bod o angen ei olchi. Dwi'n cytuno, ond tro dwytha nes i roi Twmi yn y peiriant golchi, wnaeth coes fo ddod *off*. Lwcus bod Nain yn dda'n gwnïo.

Nes i ddeffro efo banana brown ar talcen fi, a'r croen ar top pen fi fel het fflopi melyn (diolch, Jack).

Un peth ar ôl i ysgrifennu – y toilet wedi torri. Un o'r pethau mwyaf embarrassing sydd erioed wedi digwydd i fi. Dwi fel arfer yn cael pw bob bore tua 7.16. Nes i ddeffro yn tŷ Jack am 7.18 efo poen mawr yn y bol. Ar ôl taflu'r banana yn y bin, nes i frysio i'r toilet agosaf at llofft Jack –ond nes i ddim darllen y papur ar ben y toilet tan ar ôl gorffen cael pw maint sausage roll mawr o Greggs. Dyma oedd y papur yn dweud:

Ac oedd yna llun o pw efo croes mawr goch arno fo. Dyma pryd nes i panicio a gwneud rhywbeth rili gwirion. Dwi ddim yn siŵr pam nes i wneud hyn, ond oedd o'n teimlo fel syniad da ar y pryd. Nes i godi'r pw o'r dŵr (oedd o'n rili solid diolch byth), a wedyn lapio fo mewn papur toilet. Nes i ddefnyddio gymaint o bapur oedd o'n edrych fel y baban Iesu yn sioe Nadolig ysgol. Cyn cerdded i'r toilet arall a fflysho fo, nes i olchi dwylo fi am 3 munud. Nes i acshyli gyfri 180 eiliad i wneud yn siŵr fod y pw i gyd wedi mynd. Nesa, y plan oedd cyrraedd y toilet lawr grisiau heb i neb weld.

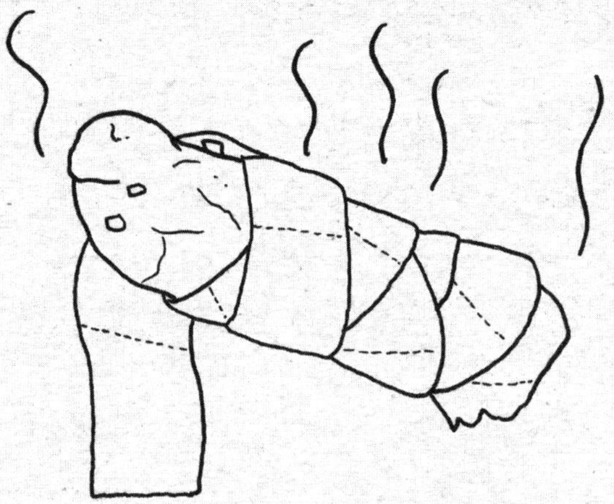

OND NES I BYMPIO MEWN I LILLY AR Y FFORDD.

Es i mwy coch na tomato tro yma. O'n i'n teimlo fel bod yn sic ar traed hi. Lwcus oedd hi'n hanner cysgu ond wnaeth hi ofyn 'Ew, what's that smell?'. Nes i redeg lawr y grisiau mor gyflym, bron i fi faglu a colli'r pw ar y carped!!! Lwcus nes i gyrraedd y toilet arall heb weld neb. Dwi erioed wedi teimlo mor hapus yn clywed FFLYSH toilet. Dwi byth am lapio na cario pw byth eto.

BYTH.

Waw dwi wedi ysgrifennu lot heddiw. Llaw fi'n brifo rwan.

Dydd Iau

Am wneud ffrind i Gaz Gwahanol. Dwi bob tro'n meddwl – mae yna rywun wedi creu bob cartŵn dwi'n caru. Fel *Spongebob SquarePants*. Falle gan rhywun yn bod yn wirion mewn llyfr sgrap – fel fi.

Haha – mae hwn wedi gwneud i fi chwerthin. Falle fydd hwn yn cartŵn rili enwog rhyw ddiwrnod?! Neu falle ddim. Dal yn hwyl dŵdlo. Am wneud ffeil o ffeithiau i hwn a wedyn Gaz Gwahanol.

Ffeil o Ffeithiau

Enw	Dici Od
Oed	309
Diddordebau	Gwneud triciau mewn syrcas, cysgu, crio a chwerthin
Hoff fwyd	Lemon
Hoff eiriau	Hola amigo! (mae o'n siarad Sbaeneg, dim Cymraeg na Saesneg)

Ffeil o Ffeithiau

Enw	Gaz Gwahanol
Oed	16
Diddordebau	Gwneud fideos YouTube yn bwyta pethau crazy
Hoff fwyd	Cerrig (gallu bwyta rhai mawr efo ei ddannedd miniog)
Hoff eiriau	Hei guys! *Like and subscribe!*

Dim byd wedi newid efo Lisa.
Dwi ddim yn meddwl bod hi'n hoffi fi ddim mwy.

Dydd Gwener

Dwi wedi bod yn cael mwy o freuddwydion od. Dwi eisiau ysgrifennu nhw lawr achos mae nhw'n boncyrs (a hawdd anghofio). Dyma freuddwyd neithiwr

O'n i efo corff ceffyl, ond yn gallu cerdded ar ddwy goes a reidio beic. Oedd o ddim yn gwneud sens. O'n i'n reidio beic i tŷ Wil (efo gwallt ceffyl fi yn fflapio yn y gwynt), a dyma'r beic yn dechrau hedfan. Wedyn nes i neidio off y beic a glanio yn y môr. Ond o'n i methu nofio. *RIP* Macs Ceffyl. Dwi ddim yn meddwl na i ddweud wrth neb am y freuddwyd yma.

CACEN CWPAN MACS

- 2 llwy fwrdd o fenyn
- 2 llwy fwrdd o siwgwr
- 4 llwy fwrdd o flawd
- Darnau bach o siocled

1. Cymysgwch bob dim mewn cwpan
2. Rhowch yn y microwave am 40 eiliad
3. Mwynhewch!
4. Peidiwch â llosgi eich tafod fel nes i (rili annoying a poenus)

Ydi o'n wir mai Popty Ping ydi *microwave* yn Gymraeg? Mae rhywun wedi dweud hyn wrth Mam, ac mae hi'n dweud o drwy'r amser rwan. Lwcus bod hi heb ffeindio hyn allan cyn cael y *Twins*, neu falle fyse hi wedi galw nhw'n Popty a Ping.

Popty

Ping

Dydd Sadwrn

Mam wedi penderfynu heddiw bod hi'n amser am y '*family outing*' cyntaf efo Dafydd a Iwan. Oedd o **ddim** yn hawdd. Wnaeth o gymryd 27 munud i gael pawb yn y car yn barod i fynd. Mae'r 7 *seater* geno ni ers dipyn, ond dwi erioed wedi gweld o mor llawn. Dyma lle oedd pawb yn eistedd:

Oedd jyst cyrraedd y car yn teimlo fel digon o '*outing*' ac o'n i'n barod i fynd yn ôl i'r tŷ. Dwi'n meddwl mai Iwan oedd yn eistedd wrth ymyl fi (mae'n rili anodd dweud). Nes i ofyn wrth Mam os ga i roi tatŵ deinosor ar dalcen Dafydd i ni allu dweud y gwahaniaeth yn hawdd. Oedd hi ddim yn hoffi'r syniad. Dwi ddim yn siŵr iawn pam.

Oedden ni wedi bod yn dreifio am ryw 4 munud ac oedd Anabel yn cwyno bod hi ddim yn gallu anadlu. Oedd o'n reit ffyni gweld hi'n mynd yn fwy a mwy blin, dramatic a *stressed*. Mam oedd yn dewis y gerddoriaeth felly *hits* mwyaf Dafydd Iwan oedd yn blastio dros bob man. Nes i Ani ddechrau crio a sgrechian gymaint wnaeth Mam roi *Baby Shark* ymlaen jyst i wneud hi'n hapus. Mae hi mor *spoilt*. Dwi newydd feddwl – be os fyse Dafydd Iwan yn canu *Baby Shark* yn Gymraeg?!

Babi siarc dw dw dw dw dw dw,
babi siarc dw dw dw dw dw dw,
Yma o hyd dw dw dw dw dw dw,
Cymru am byth!

Hahahaah!

Y plan oedd mynd am dro o gwmpas y siopau a mynd i gaffi am ddiod a snac. Oedd Dafydd a Iwan wedi bod yn rili da yn y car (dwi'n meddwl bod Iwan yn hapus yn eistedd wrth ymyl fi, os mai Iwan oedd o). Wnaeth Mam a Dad gymryd lot o amser yn agor y pram. Oedd o'n FAWR. Nes i glywed Dad yn rhegi ar un pwynt (rhegi lot gwaeth na 'fflipin').

Dyma Dafydd a Iwan yn dechrau crio pan oedd Mam a Dad yn symud nhw o'r car i'r pram. Oedd Ani wedi dechrau rhedeg i ffwrdd a dyma Mam yn sgrechian ar Anabel i fynd ar ôl ei chwaer fach. O'n i'n teimlo'n anweledig.

Pethau fyswn i'n gwneud os yn anweledig

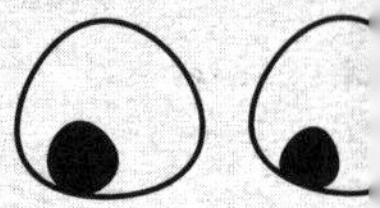

Gwrando ar Lisa yn siarad efo ffrindiau hi

Gwylio *Stranger Things* efo Anabel (dwi ddim yn cael edrych ar ddim byd 12+ GRRRR)

Prancio Jack a Wil (fel cosi trwyn nhw yn y dosbarth pan mae Miss Huws yn siarad)

Cerdded drwy waliau

Busnesu LOT heb i NEB wybod

Mynd i'r ystafell athrawon a gwrando arnyn nhw'n siarad am y plant

Chwarae pêl-droed yn yr ardd yn y nos pan dwi fod yn cysgu

Ges i bwsho'r pram am ychydig, ond oedd o'n anodd. Mae o jyst rhy fawr. O'n i'n gallu gweld bod Mam a Dad wedi blino so o'n i'n trio actio'n hapus. Oedd Anabel wedi mynd off i weld ffrind so oedd raid i fi drio stopio Ani redeg i ffwrdd neu redeg i'r ffordd. Pam bod plant bach methu jyst cerdded fel pawb arall? Ar ôl cyrraedd y caffi oedd Dafydd a Iwan yn cysgu so oedd bob dim yn O.K. Wnaeth Mam a Dad gael coffi mewn cwpan oedd seis pen nhw. Ges i *hot chocolate* efo BOB DIM arno fo. Oedd o bron werth yr holl stress jyst i gael hwn!

O'n i ychydig yn jelys achos oedd Dad wedi rhoi ffôn fo i Ani. Ond oedd o hefyd yn neis gallu mwynhau bob sip heb orfod rhedeg ar ôl hi, neu dynnu hi lawr o dop y bwrdd (mae hi'n caru dringo). Pan o'n i bron â gorffen, nes i ddechrau smelio rhywbeth rili drwg. O'n i'n gwybod yn syth be oedd o. Dyma Dad yn codi un o'r babis allan o'r pram – ac oedd y pw wedi dod drwy'r dillad. Oedd o ddim yn help bod y dillad yn wyn. Oedd o ddim yn edrych fel pw – oedd o fwy fel cyri melyn. Lwcus bod Dad wedi arfer, fyswn i wedi panicio!

Wnaeth o estyn y bag, cuddio'r pw efo blanced a brysio i'r toiled. Oedd y smel yn llenwi'r caffi ddo.

Amser mynd adref, haha!

Dydd Sul

Mam yn dweud bod fi'n mynd i'r ysgol fawr fory?! YSGOL UWCHRADD CWM GLAS. Dwi'n cofio Miss Huws yn sôn am ryw ddiwrnod pontio – ond o'n i ddim yn gwybod bod o FORY! Mae yna dros 600 o blant yn yr ysgol (dim ond 68 sydd yn ysgol fi rwan). Mae hyn yn gwneud i fi boeni.

Y pilipalas wedi deffro yn y bol rwan. Mae nhw'n syrffio tro yma.

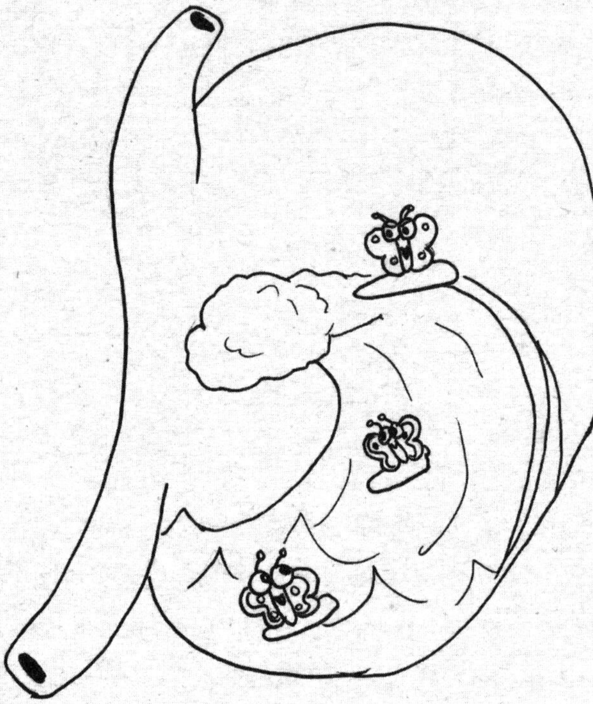

Pethau i **beidio** gwneud fory

- mynd yn goch
- gofyn cwestiwn o flaen pawb
- gwisgo'r trowsus ysgol sy'n rhy fach i fi (na'r un efo twll yn y pen-glin)
- gadael i Mam wneud gwallt fi

- tynnu sylw at fy hun mewn unrhyw ffordd

Dydi Anabel byth yn gwisgo côt i'r ysgol. BYTH. Glaw – dim côt, gwynt oer – dim côt, EIRA – dim côt. Fyse hi'n gallu bod yn -32 gradd selsiws a fyse Anabel dal ddim yn gwisgo côt. Mae Mam a Dad wedi rhoi *give up* yn swnian arni i wisgo un. Dwi wedi sylwi bod neb yn gwisgo côt yn Ysgol Cwm Glas. Dwi'n caru gwisgo côt (a het a menyg weithiau) achos dwi'n casáu teimlo'n oer. Ydw i am gael fy bwlio am wisgo côt?! Be sy'n bod efo *teenagers*? Pam bod nhw'n hoffi bod yn mŵdi ac oer?

Dydd Llun

Dwi ddim eisiau ysgrifennu am heddiw eto. Dyma Hwn neu Llall yn lle.

HWN NEU LLALL?!

Sibrwd am byth, neu gweiddi am byth?

Byth edrych ar sgrin eto, neu byth weld ffrindiau eto?

Llyfu sêt toilet ysgol, neu bwyta fflyff o botwm bol ffrind?

Bag ysgol llawn jeli bob dydd, neu esgidiau llawn mwd am byth?

Gallu siarad bob iaith yn y byd ond ddim Cymraeg, neu dim ond gallu siarad Cymraeg?

Nos da.

Dydd Mawrth

Teimlo ychydig bach gwell am ddoe. Ddim mor ddrwg ag o'n i'n meddwl oedd o. Dyma'r bits dwi'n cofio:

8.45 Mynd ar y bws. Lle wrth ymyl Lisa ond dyma hi'n troi i ffwrdd ac edrych allan o'r ffenest pan o'n i'n dod yn agos so nes i eistedd efo Wil yn lle .

8.55 Wil yn ffartio dros y bws. Dwi erioed wedi clywed ffart mor uchel â hyn o'r blaen. 100% pen crwban. Oedd o'n swnio fel bod rhywun wedi chwythu trwmped mewn i meicroffon. Dyma pawb yn chwerthin a wnaeth Lisa wenu arna fi – teimlo'n gynnes tu mewn. Dwi dal yn rili licio hi lot.

9.00 Cyrraedd Ysgol Cwm Glas a mynd i'r neuadd. Dwi'n meddwl bod yna tua 6 ysgol bach i gyd. O'n i'n nabod rhai o eisteddfod neu pêl-droed ond o'n i dal yn teimlo'n rili nyrfys. Wnaeth Wil ffartio eto ar ôl i ni eistedd lawr. O'n i'n poeni bod pobol am feddwl mai fi oedd o. Oedd Wil ddim yn poeni o gwbwl. Nes i weld o'n rwbio llaw fo ar pen ôl fo, sniffio fo a wedyn chwerthin. Dwi ddim yn siŵr pam dan ni'n ffrindiau weithiau.

9.03 Y brifathrawes yn siarad am rili hir. Mor boring. Dwi ddim yn siŵr iawn be wnaeth hi ddweud i gyd achos nes i stopio gwrando. I wneud o fwy o hwyl nes i ddechrau cyfri faint o weithiau wnaeth hi ddweud "ym" a nes i sibrwd wrth Wil i gyfri faint o weithiau wnaeth hi ddweud "*OK*":

Ym	53
OK	27

Iei! Nes i ennill.

9.30 Mynd mewn i 3 grŵp mawr a mynd rownd yr ysgol i gyd. O'n i ddim efo Jack na Wil, ond o'n i efo Lisa a Ela. Pam bod Ela'n gorfod bod yn grŵp fi?! Oedd Harri dwi'n nabod o pêl-droed efo fi hefyd, oedd yn helpu fi deimlo'n well. Mae o'n ffeind. Oedd yr ysgol mor fawr – dwi BYTH am allu ffeindio ffordd fi o gwmpas y lle. Mor *confusing*. Mr Daniels oedd enw'r athro oedd yn mynd â ni o gwmpas. Oedd o'n atgoffa fi o gorila. Gorila mewn tracsiwt. Ar ddiwedd bob brawddeg, oedd o'n chwerthin yn UCHEL – oedd ddim yn gwneud lot o sens achos oedd o ddim yn dweud dim byd ffyni.

9.45 Harri yn tynnu darn papur off cefn fi oedd yn dweud 'MACS ♡ LISA'. Ela yn cael gigyls ond wedyn cael row bach gan Mr Daniels. Mae hi MOR ANNOYING.

(11.00) Cael gwers ymarfer corff gan Mr Daniels. Dyma lle aeth pethau ychydig bach yn rong i fi. Nes i redeg syth mewn i wal. Dwi ddim yn gwybod sut na pam ond wnaeth o frifo. O'n i'n trio mor galed i beidio crio. Oedd o fel bod yna lwmp mawr o donyt caled yn sdyc yn gwddw fi. Dwi'n meddwl fyse fo wedi bod yn haws os fyse pawb yn chwerthin, ond oedd pawb jyst yn edrych arna fi. Dim ond Ela nes i weld yn chwerthin ychydig bach. Typical. Oedd Mr Daniels yn help, wnaeth o jyst dechrau siarad yn uchel fel bod pawb yn stopio edrych arna fi (a'r lwmp oedd yn dechrau tyfu ar talcen fi).

(11.45) Hwn oedd y darn gorau o'r diwrnod (gwell na'r bwyd oedd yn AMAZING). Oedden ni'n cerdded o'r gampfa at y cantîn a dyma Lisa'n dod i gerdded wrth ymyl fi a gofyn os o'n i'n OK!!!!!

Lisa Hei Macs, ti'n OK, wyt?
Fi O... ie... dwi'n OK... diolch... Lisa

PAM DWI JYST METHU SIARAD YN NORMAL.

Lisa Dwi'n sori am fod yn ddistaw... mae Ela yn gallu bod yn...
Fi *Annoying?*

DO, NES I ALW ELA YN *ANNOYING*! Ond wnaeth Lisa chwerthin a gofyn os o'n i eisiau mynd i tŷ hi eto ar ôl ysgol. Oedd o werth bangio pen fi ar y wal i gael hyn yn digwydd. Fyswn i'n bangio pen fi ar wal bob dydd i gael bod yn agos at Lisa.

Dwi wedi blino ysgrifennu rwan ond dwi'n gorfod sôn am y bwyd. Mae yna gaffi yn yr ysgol sydd ar agor cyn ysgol, amser chwarae ac amser cinio!!! A'r peth gorau, ti'n talu am stwff yn defnyddio bys ti. Dwi ddim yn siŵr sut mae o'n gweithio ond dwi'n mynd i fod yn prynu LOT o stwff! Mae'n siŵr fydd Mam a Dad yn dweud faint fydda i'n cael gwario bob dydd ond fyddan nhw ddim yn gwybod be fydda i'n prynu! *Chicken burgers*, pitsas a siocled booooob dydd – wahwwww!

Dydd Iau

Dwi'n mynd yn fwy a mwy *bored* adref. Mae Mam a Dad mor brysur efo Dafydd a Iwan neu jyst rili wedi blino ac yn gorwedd ar y soffa. Mae Dad bob tro'n dweud wneith o ddod i chwarae mewn "dau funud" ond wedyn byth yn dod. Dwi byth yn gweld Anabel ac mae Ani yn cael lot mwy o *ipad* a dewis be sydd ar y teledu ers i'r babis gyrraedd.

Falle fyse cael anifail anwes yn helpu? Fyswn i'n gallu edrych ar ôl o, a cadw fo yn llofft fi. Dwi ddim yn meddwl bod fi'n *alergic* i ddim byd ond cathod a ceffylau (a fyswn i ddim eisiau ceffyl yn llofft fi eniwe).

Os ga i anifail anwes...

Anifail	Enw	Pethau da	Pethau drwg
Cwningen	Fflopsi	Ciwt, meddal, hopian o gwmpas yr ardd	Methu mynd â cwningen am dro
Ci	Taran	Croeso mawr bob tro dwi'n dod adref	Pw ci yn un o'r pethau gwaethaf yn y byd
Pysgodyn	Bob	Hawdd i edrych ar ôl	Ychydig bach yn boring a methu cael o allan o'r tanc
Neidr	Steve	Edrych yn cŵl	Ychydig bach yn sgeri (fyswn i ofn mynd i gysgu efo Steve yn y llofft)
Crwban	Celt	Byw am 50 blwyddyn!! Weithiau mwy!!! A rili distaw	Araf iawn, iawn, iawn, iawn, iawn
Hamster	Homer	Ciwt, hwyl i chwarae efo fo	Mynd ar goll yn rhy hawdd

Dwi'n meddwl mai ci fyswn i'n ddewis. Mae pawb sydd efo ci yn dweud bod o fel cael ffrind gorau. Dyna dwi eisiau gael adref – ffrind. Dwi ddim yn gwybod sut i ofyn i Mam a Dad. Ydi Siôn Corn yn gallu rhoi anifeiliaid fel presant?

Dwi am ysgrifennu post-it bach a rhoi o ar y ffrij.

Helo Pawb,
Dwi'n meddwl fyse cael ci yn lot o hwyl.
Fi fydd yn edrych ar ôl y ci, rhoi bwyd i'r ci a mynd â fo am dro bob dydd. Dwi hefyd yn gaddo glanhau'r Pŵ, Pi Pi a Sic (ydi cŵn yn sic weithiau?)
Fyse'r ci yn cysgu yn llofft fi mewn gwely sbeshal ar y llawr.

Diolch am ddarllen,
MacS x

Dydd Gwener

Weithiau ar ddydd Gwener dydyn ni ddim yn gorfod gwneud bron dim gwaith yn yr ysgol, ond heddiw oedd Miss Huws angen i ni orffen gwaith yr wythnos i gyd!!! Dwi wedi cael digon o ysgrifennu so dwi jyst am wneud dŵdls. Fyswn i'n CARU cael gwersi dŵdlo yn yr ysgol.

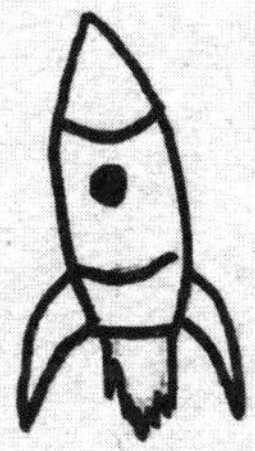

Dydd Sadwrn

Twrnament pêl-droed yn y bore. Dim ond Dad a fi yn y car oedd yn rili neis. Wnaeth o adael i fi ddewis y gerddoriaeth – mics o Yws Gwynedd, Lewis Capaldi, Coldplay (achos dwi'n gwybod bod Dad yn hoffi nhw hefyd) a Garrreth yr Orangutang – Fflipin Lyfio Chiiiiiiiiips!!! Dwi'n caru fideo y gân yna hefyd, dwi'n meddwl bod fi wedi gwylio fo ar YouTube tua 545 o weithiau! Oedd Dad mewn mŵd da a hapus (heblaw pan oedd o'n rhegi ar y *potholes* ar y lonydd cefn).

Nes i orfod chwarae yn y gôl am 2 gêm. O'n i ddim yn hapus. 

Pethau dwi'n **CASÁU** am chwarae yn y gôl

- ddim yn cael rhedeg lot efo'r bêl
- cael peli caled yn hitio chi dros y corff i gyd (gallu bod yn boenus IAWN os yn hitio'r lle rong)
- boring lot o'r amser
- mynd yn oer yn sefyll yn llonydd
- pawb yn flin os ydi'r tîm arall yn sgorio
- gorfod taflu eich hun ar lawr = poenus + mwdlyd
- dwylo yn brifo ar ôl stopio peli
- siawns o sgorio gôl – 0.7%

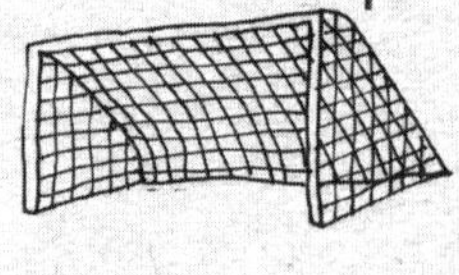

Ges i chwarae allan mewn 3 gêm, a....

NES I SGORIO GÔL RILI DA. *Top bins.*

Ges i lwmp yn gwddw fi yn gweld pa mor hapus oedd Dad – yn neidio fyny a lawr a rhoi hyg i dad Harri!! Dwi'n meddwl na i gofio'r teimlad yna am byth.

Nes i fynd ychydig bach yn wirion efo'r *celebration*, sleidio ar pen-gliniau fi efo dwy fraich yn yr awyr. Dim fel fi rili, ond o'n i jyst mor hapus. Wnaeth Dad ddweud yn y car ar y ffordd adref i beidio dathlu 'dros ben llestri' eto. Dros ben llestri?! Mae Cymraeg yn randym weithiau.

Ges i fath ar ôl dod adref a nes i roi LOT GORMOD o bybls yn y dŵr. Nes i gloi'r drws rhag ofn i fi gael row. Oedd y bybls bron â cyrraedd y to, haha! Dwi'n hoffi gwneud pwmps yn y bath. Mae o'n teimlo'n ffyni ac yn gwneud mwy o bybls. Dwi'n cofio Ani yn trio gwneud pwmps yn y bath ar ôl i fi ddweud bod o'n hwyl. Wnaeth hi wasgu mor galed dyma yna pw yn dod allan. Yn y bath. Oedd o'n *floatio* fel cwch banana (ond brown dim melyn). Wnaeth Mam sgŵpio fo allan efo powlen. Nes i byth ddefnyddio'r bowlen oren yna eto. Dwi'n teimlo'n sic bob tro dwi'n gweld Ani'n cael afal wedi torri yn y bowlen oren.

Nos Sadwrn dyma ni gyd yn edrych ar ffilm – Anabel hefyd. Dad oedd wedi dewis ffilm oedd o'n licio pan oedd o oed fi. *Free Willy* oedd enw'r ffilm. Oedd yr enw yn gwneud i fi chwerthin. Ffilm dda, a pawb wedi enjoio. Oedd o'n teimlo'n neis cael pawb efo'i gilydd (er wnaeth Mam gysgu drwy hanner y ffilm, oedd hi dal yn edrych yn hapus).

Dydd Sul

Wedi meddwl am fwy o...

HWN NEU LLALL?!

Cael dwylo yn lle traed, neu cael traed yn lle dwylo?

Yfed llaeth wedi mynd yn hen o esgid, neu dŵr allan o'r toilet?

Gorfod gwenu am byth, neu byth cael gwenu eto?

Bod efo morgrug yn dy drôns, neu pryfaid cop yn dy sanau?

Cael corff Mr Urdd neu pen Siôn Corn?

Dydd Llun

Nos Wener mae yna Bingo yn neuadd yr ysgol ac mae plant blwyddyn 5 + 6 yn gorfod perfformio hefyd.

Dwi'n gorfod gwneud y grŵp llefaru a'r dawnsio gwerin (heb wneud nhw ers Eisteddfod Cylch). Dwi ddim yn cofio'r steps na'r geiriau. Heddiw, oedd John wedi dod i'r ysgol i fynd dros y llefaru. Mae o dal i ddod i helpu ni, ac mae o dal yn rili hen ac *annoying*. Joni soch a'r poced llawn cnau. Iep, mae o dal yn cnoi cnau DRWY'R amser, ac mae yna ddarnau o gnau yn dal i fynd i bob man. Nes i gael darn eithaf mawr o gnau YN LLYGAD FI. Be sy'n bod efo fo?!

Oedd y dawnsio gwerin yn *disaster* hefyd. Mae partner hen fi, Alys, wedi symud i ysgol arall. Ac am ryw reswm mae nhw wedi dewis rhoi fi efo Ela. Dwi dal yn cael gafael llaw Lisa am ryw 3 eiliad yn y canol, ond **mae Ela yn sbwylio bob dim.** Dwi wedi bod yn meddwl am pranciau fyswn i'n gallu chwarae ar Ela, i wneud i fi deimlo'n well.

Prancs i Ela

- rhoi jam dros llaw fi cyn y dawnsio gwerin
- clymu esgidiau hi at ei gilydd
- rhoi pryfaid yn teits hi
- gwneud lot o gamgymeriadau i weindio hi fyny
- sefyll ar troed hi

Dydi sefyll ar troed hi ddim yn cyfri fel pranc na? Dwi'n pathetic. Fyswn i byth yn gwneud dim byd i Ela achos:

1. dwi rhy neis
2. dwi ofn
3. pawb yn edrych
4. Ela'n gwylltio a gweiddi
5. fyswn i 100% yn troi'n goch
6. casáu cael row / aros mewn amser chwarae

Jôc

Be ti'n galw gorila heb glustiau?

Unrhyw beth ti eisiau
(dydi o ddim yn gallu clywed ti)

Dydd Mawrth

Dwi'n HAPUS! Ar ôl dawnsio gwerin amser cinio wnaeth Lisa roi'r darn papur yma i fi heb i neb weld!

Haia Macs,

Sori, dwi wedi bod yn dawel ac ychydig bach yn od yn yr ysgol. Dwi'n teimlo fod pawb yn edrych arna ni (a dydi Ela ddim yn helpu pethau). Falle fyse fo'n well i ti ddod i tŷ fi eto? Dwi ddim efo plans dydd Sadwrn na dydd Sul yma. Rho neges yn ôl os ti eisiau dod draw (neu gofyn wrth mam ti rhoi Whatsapp i Mam).

Lisa x

Dwi wedi darllen hwn 37 gwaith a dwi methu stopio gwenu. Dwi ddim yn credu bod hi wedi rhoi y neges yma i fi. O'n i rili yn meddwl bod hi ddim yn hoffi fi ddim mwy.

Am ysgrifennu yn ôl achos dwi ddim rili eisiau i Mam yrru neges at mam hi. Pan mae Mam wedi ecseitio mae hi'n defnyddio lot gormod o emojis. Fyse fo rhywbeth crinj fel hyn:

> Macs would LOVE to come to yours on Saturday, he LOVES spending time with Lisa, bless their little hearts!!!!!!

Mae hi hefyd yn defnyddio emojis sydd ddim yn gwneud sens weithiau, fel yr un dynes o Sbaen yn dawnsio neu'r gath yn chwerthin .

Am roi hwn i Lisa fory.

> Haia Lisa,
>
> O'n i'n hapus iawn yn darllen neges ti.
> Fyswn i'n hoffi dod draw dydd Sadwrn plis?
> Ydi 3 o'r gloch yn iawn?
>
> Edrych ymlaen,
> Macs x

Dwi heb groesi dim byd allan! O'n i ddim yn siŵr efo rhoi sws ar y diwedd, ond oedd Lisa wedi gwneud so... Dwi'n dechrau poeni llai am bob dim, dwi'n meddwl. Dwi wedi bod yn tŷ Lisa 4 gwaith ar ôl ysgol felly dwi'n gwybod bod dim angen poeni. Dwi dal yn teimlo'r pilipalas, ond mae o fel bod nhw'n nofio'n araf rwan, dim sblasho o gwmpas yn wyllt.

Dydd Mercher

Yn y bore, nes i sylwi fod *post-it* fi'n gofyn am gi wedi mynd o ddrws y ffrij. Oedd rhywun wedi ysgrifennu hyn ar hen amlen a rhoi o fyny yn lle:

> NO WAY, NEVER IN EUROPE
> DIM CI YN Y TŶ YMA
> BYTH BYTHOEDD.
> AMEN
> XXX

Falle na i drio *post-it* arall yn gofyn am neidr jyst i weld be fydd yr ymateb!!! Dwi'n siŵr fyse Steve y neidr a Dafydd a Iwan yn ffrindiau mawr, haha!

Wedi rhoi'r darn papur i Lisa am 3.25 pan oedd pawb yn nôl côt a bag (heb i neb weld).

Dwi'n meddwl bod hi'n poeni llai hefyd achos wnaeth hi agor y papur a darllen o ar y ffordd at y giât!! Wedyn, wnaeth hi droi ata fi yn gwenu a dweud "gweld ti am 3 dydd Sadwrn!" cyn rhedeg at gar mam hi! Oedd Ela wedi clywed ac oedd hi am ddechrau dweud rhywbeth cas, ond nes i dorri ar draws hi'n syth a dweud–

Dim diolch Ela. Dim heddiw.

A cerdded i ffwrdd!!

BOOM!

Macs – 1 Ela – 0.

Dydd Iau

Lot a lot o ymarfer heddiw oedd yn waith caled. A dwi wedi gorfod ymolchi gwyneb fi ar ôl dod adref achos bod John wedi bod yn poeri cnau i bob man eto. Dwi dal yn smelio'r cnau (mae'n siŵr bod yna bits yn gwallt fi hefyd). Mae'r dawnsio gwerin yn mynd yn waeth bob tro. Dydi Wil jyst ddim yn gallu dawnsio. Ac mae o dal i ffartio o leiaf un waith bob ymarfer. Dwi ddim yn siŵr pam fod o dal yn cael dawnsio, dweud y gwir.

Methu aaaaros tan dydd Sadwrn. Dwi wedi bod yn meddwl am be i wneud yn tŷ Lisa...

- chwarae Minecraft
- gwneud lluniau Pokemon (falle dangos Gaz Gwahanol a Dici Od?!)
- gwylio ffilm
- gwneud cacennau rice crispies neu cacen gwpan
- chwarae pêl-droed yn yr ardd
- mynd ar y trampolîn

Dwi am fynd â *Dobble* a gêms rili da *Kids Against Maturity* a Hyderus efo fi hefyd fel bod yna ddigon o bethau i wneud. Heb ddweud wrth Mam a Dad eto achos dwi ddim eisiau ffys. Mae nhw adref rhan fwyaf o'r amser achos bod hi'n anodd mynd allan efo Dafydd a Iwan so dwi'n siŵr ga i lifft i tŷ Lisa. Mae o ychydig rhy bell (a rhy beryg) i fynd ar y beic.

Os fyswn i'n cael dewis un *superpower*, hedfan fyswn i'n ddewis. Pa mor cŵl fyse hedfan i'r ysgol a tŷ ffrindiau?! Dwi'n meddwl fyswn i angen siwt sbeshal i hedfan, i gadw fi'n gynnes.

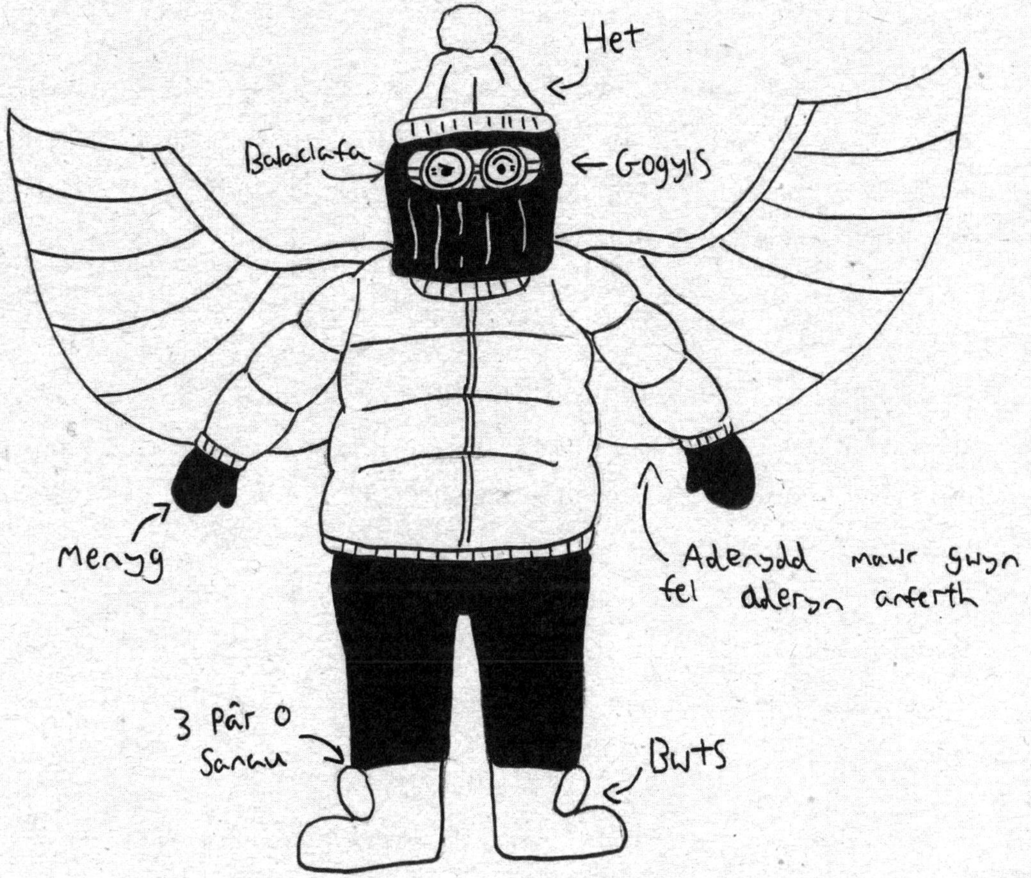

Dydd Gwener

Mae hi'n 10.17 a dwi mond adref o'r Bingo ers 9.30!! Wnaeth Mam aros adref efo Dafydd a Iwan. Mae hi wedi mynd yn hwyr achos oedd Dad yn siarad lot efo dad Ela. O'n i DDIM yn gwybod bod nhw'n ffrindiau. Mae Ela wedi bod yn actio'n well ers i fi ddweud 'Dim diolch' wrthi hi ha! Oedd Anabel yn hapus achos oedd ffrind hi yna, ac oedd Ani jyst yn bod yn Ani yn rhedeg o gwmpas a bod yn crazy efo lot o blant bach rili swnllyd.

Oedd Dad wedi gadael iddi hi gael 4 *Fruit Shoot* oedd wedi gwneud hi fwy *crazy* na'r arfer. Nes i weld hi'n bwyta hot dog off y llawr ar un pwynt. Falle bod fi ddim angen ci, na i jyst ddechrau galw Ani yn Taran, rhoi coler arni hi a mynd â hi am dro.

Stori fawr y noson oedd bod John efo *MALTESERS* yn lle cnau yn poced fo. Ydi o'n swapio'r cnau am *maltesers* bob dydd Gwener?! A be sy'n digwydd os ydyn nhw'n toddi?

Dwi ddim yn hoffi galw pobol yn enwau (a fyswn i ddim yn dweud hyn wrth neb) ond mae John yn *weirdo*.

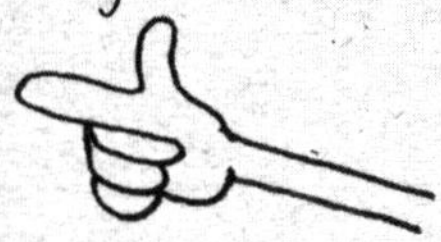

Angen cysgu rwan cyn y diwrnod mawr fory!!!

Dydd Sul

* Dwi eisiau cofio bob dim am fod yn tŷ Lisa ddoe. *

2.30 Gofyn wrth Dad am lifft i tŷ Lisa.

2.31 Mam yn clywed ac yn gwneud ffys. '*My little Macsi growing up too fast!!!*'

2.32 Anabel yn clywed a bod yn gas 'Wwwww Macs yn mynd i tŷ *lover* fo am *hot date* – ti am newid dillad ti gobeithio..?

2.33 Ani yn dechrau canu *Baby Shark* ond efo'r geiriau Lisa a Macs dw dw dw dw dw dw, Lisa a Macs dw dw dw dw dw dw.

2.34 Dafydd yn dechrau crio, a wedyn Iwan hefyd.

2.35 Fi yn gweiddi ar pawb i stopio bod mor *annoying*. Nes i ddweud sori wrth Dafydd a Iwan achos dwi ddim yn meddwl bod nhw'n gwybod be sy'n mynd ymlaen.

2.40 Mynd yn y car efo Dad. Wnaeth o acshyli drio rhoi *tips* i fi ar sut i fod efo Lisa, oedd yn beth ffeind ond crinj hefyd. "Jyst bydda'n ti dy hun" a "paid â trio'n rhy galed, dwi'n cofio dy fam yn dweud wrtha i "*treat them mean, keep them keen*." OK Dad, na i ddechrau bod yn gas efo Lisa. *As if!!*

2.55 Cyrraedd tŷ Lisa – YN GYNNAR!! Ydi bod yn gynnar yn waeth na bod yn hwyr?! Oedd Dad yn gorfod mynd (Lerpwl yn chwarae am 3) so nes i guddio tu ôl y ffens a cyfri i 300 (= 5 munud).

3.02 Dwi'n meddwl o'n i wedi cyfri yn rhy araf achos oedd y cloc wrth ddrws ffrynt Lisa wedi pasio 3 pan wnaeth mam hi agor y drws. Dwi'n rili licio mam hi. Dydi hi ddim yn gwneud ffys, mae hi reit ddistaw. Ond gwyneb rili ffeind.

3.03 Lisa yn dod lawr y grisiau. Oedd hi mewn top Lerpwl – yr un peth â fi!! Dyma ni'n chwerthin ar hyn a wedyn mynd i eistedd ar y soffa i wylio'r gêm efo teulu hi.

Mae teulu Lisa efo snacs *amazing* bob tro. Oedd yna 6 powlen ar y bwrdd o flaen y teledu:

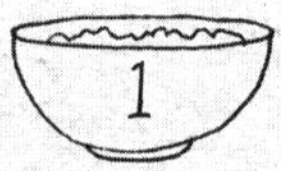

Crisps

Hwmws a moron

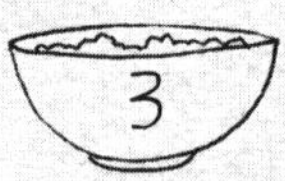

Cnau pistachio

Mefus WEDI DIPIO MEWN SIOCLED (posh)

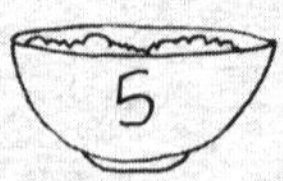

Mics o sweets

Popcorn

IYM IYM IYM.

Oedd yna hefyd cans o Fanta a poteli cwrw mewn ffrij bach ar y llawr!! Dyma Lisa yn rhoi potel cwrw i fi fel jôc a dyma pawb yn chwerthin.

5.45 Lerpwl wedi colli 2–1 yn erbyn Man City. I feddwl bod mam Lisa yn ddistaw fel arfer oedd hi'n debyg i Dad fi yn gweiddi ar y teledu. Oedd hi'n gweiddi ar y reff fel bod o yn yr ystafell efo ni. Pethau cas fel "OOO REFF, BE WYT TI, DALL, TWP NEU'R DDAU?!"

6.00 Chwarae *Dobble* efo Lisa a brawd bach hi, Tom. Dydi o mond yn 5 oed so oedden ni'n gadael iddo fo ennill lot. Oedd o eisiau chwarae *Dobble* eto ac eto ac ETO. Pam bod plant oed yma methu jyst chwarae gêm un waith a bod yn hapus. Dydan ni methu chwarae *Dobble* am byth Tom!! Ac o'n i rili eisiau amser efo jyst Lisa.

7.00 Swper. O'n i wedi bod yn poeni am hyn. Dwi wedi cael lot o brofiadau drwg efo bwyd dwi ddim yn hoffi (a does yna ddim pocedi yn crys Lerpwl). Nes i groesi bysedd fi dan y bwrdd a dweud gweddi bach yn pen fi.

Helo Iesu,

Plis ga i fwyd dwi'n licio.
Dim byd sy'n debyg i sic na daiaria.

Diolch,
Macs Sion
Amen x

7.03 Lasagne. HALELIWIA A DIOLCH IESU! Oedd o hefyd y lasagne gorau dwi erioed wedi blasu. A lot o *garlic bread* hefyd – pwy sydd ddim yn caru *garlic bread*?! I bwdin, oedd na ddewis o *brownie* neu cornetto. O'n i'n cymryd mor hir i ddewis (mor anodd) – WNAETH MAM LISA ROI Y DDAU I FI!! Diwrnod gorau erioed.

7.45 Chwarae Minecraft efo jyst Lisa. Oedd bob dim yn teimlo mor hawdd. Dim Pilipalas, dim mynd yn goch, jyst teimlo'n hapus.

8.15 Dad yn dod i nôl fi . Oedd yr amser wedi mynd rhy sydyn.

Jôc

Be ydi hoff liw dafad?

Meeeeeeeeeeelyn.

Dwi methu stopio gwenu ers dod adref (er bod Dafydd neu Iwan yn sgrechian pen nhw *off*). Dwi'n meddwl fyddai'n gwenu drwy'r nos.

Waw! Dwi wedi llenwi llyfr sgrap arall!! Fydd raid i fi gadw hwn yn saff efo'r llall. Dwi am ofyn wrth Dad am lyfr newydd achos mae ysgrifennu yn hwn yn teimlo fel bod efo ffrind. Geith Dici-Od a Gaz Gwahanol y geiriau olaf....

Acshyli, well i Dafydd Iwan gael y geiriau olaf go iawn...

YMA O HYD!!!
YMA O HYD

Diolch yn fawr i'r canlynol am yrru eu dwdls i Gystadleuaeth Dwdls Macs Sion - dyma rai o'r goreuon o'r gweddill!

Bedwyr, Brân, Ela, Elis James, Elsi,
Elsi Fflur, Erika, Erin, Freya,
Lois Alaw, Llew, Megan Haf,
Moc Ifan, Noah, Osian, Sonny.

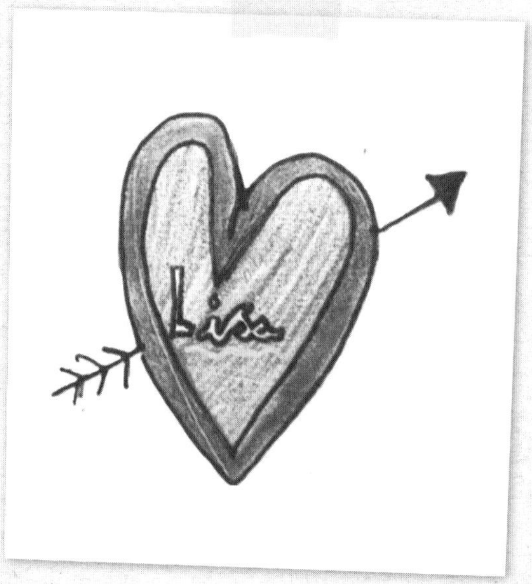

URDD
GLAN-LLYN

pw yn cegfi

Miss Cacen

Hefyd ar gael